图说 丰碑

儒家道学

李默/主编

广东旅游出版社
GUANGDONG TRAVEL & TOURISM PRESS
悦读书·悦旅行·悦享人生

中国·广州

图书在版编目（CIP）数据

儒家道学 / 李默主编 . — 广州 : 广东旅游出版社，2013.10（2024.8 重印）

ISBN 978-7-80766-667-7

Ⅰ.①儒… Ⅱ.①李… Ⅲ.①儒家—通俗读物②道家—通俗读物 Ⅳ.① B222-49 ② B223-49

中国版本图书馆 CIP 数据核字 (2013) 第 221336 号

出 版 人：刘志松
总 策 划：李　默
责任编辑：张晶晶
装帧设计：盛世书香工作室　腾飞文化
责任校对：李瑞苑
责任技编：冼志良

儒家道学
RU JIA DAO XUE

广东旅游出版社出版发行
（广东省广州市荔湾区沙面北街 71 号首、二层）
邮编：510130
电话：020-87347732（总编室）020-87348887（销售热线）
投稿邮箱：2026542779@qq.com
印刷：三河市嵩川印刷有限公司
　　　（河北省廊坊市三河市杨庄镇肖庄子村）
开本：650×920mm　16 开
字数：105 千字
印张：10
版次：2013 年 10 月第 1 版
印次：2024 年 8 月第 3 次印刷
定价：45.80 元

　　《图说历史丰碑》是一部全景式图文并茂记录中国文明历史的大书。出版者穷数年之力，会集各方力量——专家、学者、编辑、学术顾问们，在浩如烟海的历史档案、资料、著作中，探珍问宝，追寻中华文明在悠悠历史长河中的灿烂之光。此书的出版，凝聚了编撰者的心血，学术顾问们的智慧。尤其是李学勤先生，亲自动笔写下了序言，更增加了本书沉甸甸的分量。

　　中华文明的历史充满了辉煌与苦难，成就和挫折。它的历史无处不在，决定着我们中国人今天的思想和感情。当今的中国和中国人是中华文明的历史造就的，是中华文明的历史的延伸，也是它的一个组成部分，中华文明的历史之河奔流到现在。

　　中华文明是人类历史上最伟大的文明之一，是人类文明发展的主要构成。中华文明丰富、深刻、辉煌、博大，在人类文明中的骨干作用和领导作用人所共知。在人类文明的发源时期，中国就是四大古国之一，是地球上文化的策源地之一。在人类文明的早期，中华文明成为文明在东方的支柱，公元前后200年间，人类的汉帝国与罗马帝国这两只铁手攫住了地球。在欧洲进入中世纪的时候，中华文明更成为人类文明最主要的领导，它的文明统治东亚，传遍世界。进入近代，中华文明处于自身的重压和西方的欺凌下，但中国人民的斗争史和奋起精神是人类文明历史中不可缺少的一页。

　　五千年的中华文明为人类贡献出了从思想家孔子到科学技术的四大发明、从唐诗宋词到长城运河的伟大创造，贡献出了从诸子百家到宋明理学，从商周铜器到明清文学的深刻内涵，也贡献出了从五霸七强到三国纷争、从文景之治到十大武功的辉煌历史。中华文明的历史绚烂多彩，在人类文明的历史长河中永放光芒。

　　中华文明也是人类历史上最独特的文明，没有哪一个文明像中华文明这样持久，这样统一一致。世界上其他文明不但互相交错，其创造者也都与高加索体质的人种有关，它们是姐妹文明。在人类历史中，只有中华文明才是独特的，它的创造者是中国土地上的中国人民，与其他任何地方的人民都没有关系，它的文化是统一一致的文化，可以不依赖于其他任何文明而生存，但中华文明也绝不是封闭的，它接受他人的文化，也承担自己对于人类的责任。

　　人类进入新世纪，中国的社会经济发展令世人瞩目。人们对于世界未来的政治和经济结构的估计无不以东亚和太平洋为中心，而尤以中国为重点。

经济起飞只是当代中国的一个方面，中国的精神文明的建设尤为刻不容缓。如果中国要自觉地发展中华文明，要有意识地使中国的发展具有世界意义，就必须发展强有力的精神文化，这样才能使中华文明的发展进入一个新的阶段，才能形成中国和中华文明的全面现代化。

而中国的精神文化的发展植根于中华文明的伟大传统之中。进入近代之后，在西方文化的冲击下，对于中国文化的价值产生大量的情绪化和激烈冲突的论调。"五四"运动打倒孔家店的口号具有冲破封建束缚的时代意义，对中国文化的发展有不容否认的正面意义，与文化虚无主义是完全不同的。文化虚无主义者否定中国传统文化，在现代化的旗帜下主张全盘西化；而复古主义则沉迷于中国文化的古董，走进反进步、反科学的泥潭。

历史的发展则超越了所有这些论点，产生这些论调的一百多年来的中国近代史已经结束。历史要求中国发展，要求中国走在全世界发展的前列。西化论和复古论都已过时，历史已经要求世界超越西方，中国可以承担起世界的命运，而中国的现实和世界的历史都说明，中国的使命在于它的发展前进，而非倒退。

中华文明走出迷惘的时代，我们这一代处在一个伟大而具有挑战的历史阶段。

总结历史、展望未来，这就是《图说历史丰碑》的意义和使命。我们创作《图说历史丰碑》，力求总结和回顾中华文明的全貌，在内容和形式上都开创一个新的局面。在内容结构上，既具有一定的深度，又具有相当的广博性，既有严谨、准确的学术价值，又有活泼、流畅的可读性。我们在本丛书内容纳了中华文明的各个方面，使它综合了大规模学术著作的系统性、严密性和普及读物的全面性、简易性，它既可作为大型工具书检索中华文明的各个成分，又可作为通俗的读物进行浏览。

我们从上世纪 90 年代初起就开始思考中华文明的历史和现实问题，并逐渐形成了编著《图说历史丰碑》的设想。在开展这项庞大的文化工程之始，我们就聘请了国内权威学者李学勤、罗哲文、俞伟超、曾宪通、彭卿云诸先生担任学术顾问，他们对计划作了充分讨论，并审阅了大量初稿。我们聘请了广州、香港地区的社会科学学者、大学教师、研究生以及我社编辑人员几十人担任稿件的撰写工作。

通过创作这部书，我们深深地感受到了中华文明的博大精深，也感受到了它的内在缺陷。中华文明具有辉煌的时期，也有苦难的年代，有它灿烂的成就，也有其不足的方面。中华文明在自身中能够吸取充分的经验和教训，就能够使自身健康壮大，成长发展。

通过创作这部书，我们也深深感受到了出版事业的使命和重任。我们希望这部书能受到广大读者的喜爱，起到它所应当起的作用。为中华文明的反省、前进和奋起作一点贡献。

目 录

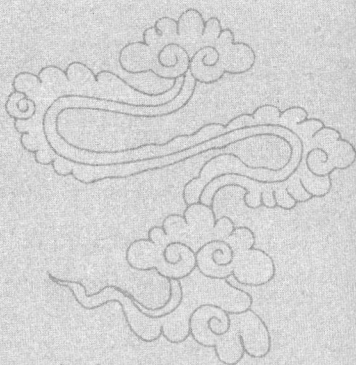

孔丘诞生

　　周灵王二十一年（前551），孔子生于鲁昌平乡陬邑（在今山东曲阜东南）。其先世为宋贵族，到了孔防叔那代，因华氏之逼，自宋逃奔到鲁国。孔子父亲叔梁纥与母亲颜氏在尼丘祈祷，野合而生孔子，生而头上圩顶（中低而周高），故名曰丘，字仲尼。

　　春秋以来，王室衰微，政治无主，传统文化渐已不能支配人心，旧制度崩溃，等级制解体，人身依附关系解除，经济上，齐国工商业、鲁国地主、

鲁大司徒厚氏铺，春秋中期盛食器。有盖，直口平底，浅盘，高圈足。盖顶作外敞镂孔莲瓣形装饰。通体饰窃曲纹。盖器同铭，各铸二十五字，记此铺为鲁国大司徒厚氏元所作。

农民为代表的新生产形式形成，为文明的创造提供了社会基础。师旷的出现，子产在郑国走上政治舞台，老子、孔子的出生，标志着中国春秋时代已从混乱的军事征战走上建设性文明创造。

　　孔子的出现正可说是时代的象征。他将以同族结合为基础的礼乐转换为较具普遍社会性的礼乐——社会制度。进而提出"仁"作为礼乐实现之目标。"仁"一方面是指个人的人格，个人人格没有贫富贵贱之别。另一方面则指人际关系，人际关系以彼此承认对方的人格为要。要实现"仁"，必须靠教育和教养；而礼乐则是实现"仁"的手段，因此要从礼乐的学习与研究着手。以往，礼乐只是贵族教养与学习的课目和贵族外交的手段。孔子反对教育成为贵族的专利品，认为应该将礼乐等教育普及于一般人。因此，孔子以身作则，从事教育工作，所收学生不限阶级，诚可谓"有教无类"，其精神则是可佩的。

晏子哭庄公

周灵王二十四年（前548），齐崔杼杀齐庄公及其嬖臣多人。晏子听到消息便站在崔氏门外，他的同僚说："您要为国君殉死吗？"晏子说："仅是我的国君吗？我为什么要殉死？"又问："您要逃走吗？"晏子说："是我的罪过吗？我为什么要逃亡？"又问："您回去吗？"晏子回答说："国君死了，回到哪儿去作为君主的臣下，难道是为他的俸禄？而是应当保养国家。如果君主为国家而死，臣下就应当为他而死，君主为国家而亡，臣下也应当为他而逃亡。如果君主为自己而死，为自己而逃亡，那么假若不是他个人宠

二桃杀三士。自上而下，分别为洛阳西汉墓壁画、河南南阳画像石和山东嘉祥宋山画像石，地域不同，但表现的都是同一个内容。二桃杀三士的故事记载于《晏子春秋》。讲的是春秋时齐国景公时代公孙接、田开疆、古冶子三位勇士被相国晏婴设计诛杀的故事。中间一图中置一高足盘，盘中有两只桃子，三个人皆着武服佩剑，在盘左右并伸手取桃者当为公孙接和田开疆。右边怒目圆睁，拔剑奋起者当为古冶子，此幅画像以精妙的笔法表现了三位勇士即将引颈自刎的悲壮场面。

爱的人，谁愿承担责任？而且别人有了君主反而杀死他，我哪能为他而死？哪能为他而逃亡？但是又能回到哪里去呢？"

崔氏家的大门打开，晏子进去，头枕在齐庄公尸体的大腿上号哭，站起之后往上跳了三次便走了。有人建议杀掉晏子，崔杼认为晏子是百姓所仰望的人，赦免他，可以得民心。晏子（？~前500），齐国政治家。字平仲，夷维（今山东高密）人。其父死后，继任齐卿，历任灵公、庄公、景公三朝正卿，主政五十余年，身为齐相，食不重肉，穿不衣帛，以节俭力行显于齐。曾奉命出使晋国，与晋大夫叔向议论齐国政治，认为齐国危机四伏，终将为田氏所代替，具有敏锐的政治眼光。齐景公生病，他反对祈福禳灾，建议关心民事，改革政治。《晏子春秋》是记载晏子言行的书。该书采用史料和民间传说编纂而成，其中晏子劝告君主不要贪于逸乐，要任用贤能和虚心听取等统治经验，常为后世所取法。晏子本人恪守传统礼仪，生活节俭，也常为后世统治者所称道。书中许多情节生动描写了晏子的聪慧和机智，如"晏子使楚"等，曾在民间广为流传。书中通过总结政治经验，分析了"和"、"同"两个概念。晏子认为对君主随声附和即"同"，不足可取；只有敢于向君主提出建议，补其不足，也就是"和"，才是正确的。这一具有辩证法思想的论述在中国哲学史上也占有一定的地位。

子产初露头角

　　周灵王二十三年（前549）二月，郑简公往晋国朝见。郑子产致信晋当权者。信中说："您治理晋国，四邻不听说有什么美德，而只听说贡品很重。我对此感到迷惑。我听说君子领导国家和家族，不是担心没有财富，而是怕没有好名声。诸侯的财货聚集在国君家里，内部就会分裂。好名声是装载德行的车子；德行是国家和家族的基础。您是让人说您确实养活了我，还是说您榨取我来

公孙窖壶，春秋容酒器。圆盖，上部中央置环形钮。直口，长颈，鼓腹，平底，矮圈足。活络提梁套铸盖上的双环，并与颈部环形耳相连。颈部有铭文六行三十九字，记公孙窖任职之年，公子土折为其女儿作媵器。

养活自己呢？大象因为有象牙而毁了自己，这是由于值钱的缘故。"

周灵王二十四年（前548），郑子展、子产率军伐陈获胜。子产到晋国奉献战利品，穿着军服处理各种事情。晋人问陈国何罪而被讨伐，子产回答说："前虞阏父做周朝的陶正，奉事我们先王。先王嘉奖他能制作器物，并且是虞舜后代，把大女儿太姬匹配给虞阏父之子胡公，封他在陈地。所以，陈国是周的后代，到今天还依靠着周。现在陈国忘记周的大德，倚仗楚国人多，进逼我敝邑，敝邑害怕被削弱而带给太姬以羞耻。幸而上天厌恶他们，启发敝邑产生了攻打陈国的念头。陈国知道自己的罪过，得到惩罚。因此我们敢于奉献战利品。"晋人又责问郑为什么进攻小国，子产回答说："按照先王的命令，只要罪过所在，就要分别给予惩罚。从前天子的土地是方千里，称为一圻，诸国土地方百里，称为一同，以此递降。现在大国的土地多至数圻，如果没有侵占小国，怎么能到这地步呢？"晋人又问子产为何穿军服，子产回答说："郑国的先君武公、庄公担任平王、桓王的卿士。城濮之战时，晋文公发布命令，让郑文公穿着军服辅佐天子，以授楚俘。我如今穿着军服来献捷，是由于不敢废弃王命。"晋国执政大臣赵文子认为，子产的言辞合乎情理，就接受了郑国奉献的战利品。此年十月，子产作为郑简公的辅相到晋国，感谢晋国接受奉献。周灵王二十五年（前547），郑简公赏赐攻打陈国的功臣。三月一日，郑简公设厚礼招待子展，赐给子产车服，然后再赐给他六座城邑。子产辞去城邑说："从上而下，礼数以二的数目递减，这是规定。下臣的地位在第四，而且这是子展的功劳，下臣不敢受到这等赏赐，请求辞去城邑。"郑简公坚持要给他，子产接受三座城邑。

晏婴论季世

　　周景王五年（前540），晋平公的妻齐女少姜死。次年春天，齐景公派晏婴到晋国，请求继送女子给晋平公。晏婴说，寡人如愿意事奉君主，早晚都不敢怠倦。君主如果不忘记先君的友好，那么还有先君的嫡女和姑姐妹若干人，请派使者慎重选择，以充姬妆，这是寡人的愿望。韩宣子叔向回答，表示同意。订婚以后，晏子接受享礼，叔向与他饮宴、交谈。叔向询问齐国情况，晏婴说，齐国已到了末世。齐国可能会属于陈氏，因为国君不爱护他的百姓，而要他们归附陈氏。齐国过去有四种量器豆、区、釜、钟。四长为一豆，各自再翻四保以成为一釜。十釜就是一钟。陈氏的量器，豆、区、釜都加大四分之一，这样，钟的容量也就大了。陈氏用私家的大量器借出，而用公家的小量器收回。山上的木料运到市场，价格不高于山上；食盐蜃蛤，价格不高于海边。百姓的力量如果分为三份，那么两份要归于国君，只有一份维持衣食。国君的积蓄腐朽生虫，而老人们却挨冻受饿。国都的市场上，鞋子不值钱而假腿昂贵。百姓有痛苦疾病，陈氏就厚加赏赐。陈氏爱护百姓如同父母，而百姓归附如同流水。想不要得到百姓的拥护，哪里能躲得开？

　　晏婴论国政的得失与国家的存亡，已超越阴阳灾异的层次而注重统治者德行的高下，人心的向背，表明先秦诸子开始总结历史发展的规律。

子产当政开始改革

周灵王十八年（前554），郑相子也因长期专权而被郑简公诛杀，子产由是被立为卿，任少正。子产为人清正廉洁，光明磊落，深为国人敬重。周景王二年（前543），在郑国当朝显贵子皮等人支持下，子产开始当政，子产一当政，即以自己的原则进行改革。他让城乡有所别，上下等卑各司其职，土田以界区分。推行严刑峻法的"猛政"，创立重利的"血赋"等新制；任能用贤，注意经济建设。执政三年。

子产治国十分讲究策略。既要达到目的，又要不犯众怒。周景王三年（前542），然明建议毁掉乡校，认为郑人聚集在乡校议论得失会影响政府的威信，子产不同意，他说："他们认为好的我就推行；他们认为不好的我就改正。这无异于我的教师。为什么要毁掉呢？"乡校因此得到保存。同年，子皮想让尹你为家邑之任。子产认为尹你太年轻，难当此重任。子皮说，尹你很谨慎柔顺，不会背叛我，他虽年轻，但在邑任上学习一下就懂得如何处理了。子产不赞同。说："我听说学习以后才做官，没有听说将做官当成学习的。譬如打猎，只有熟习射箭驾车，才能获得猎物，如果过去没有登车射过箭，没有驾过车，那么他一心害怕翻车压人，哪里能获得猎物？"子皮被他说得心服口服，改变了初衷。在外交中，子产也不卑不亢，以理服人。

周景王三年（前542）六月郑简公到晋国聘问，子产为辅相。晋平公因为鲁国丧事而没有接见他们。子产派人拆了宾馆的围墙，以放车马。士对此深为不满，说："由于我们治理不好，盗贼多有，所以才修建围墙以保客人的安全，你怎么竟将围墙拆了？"子产回答说："我说晋文公做盟主时，宫室低小，没有可供观赏的台榭，但却把接待诸侯的的宾馆造得又高又大，好像现在君主的寝宫一样，对宾馆内的库房马厩也多修缮。文公不让进见的宾客耽搁，和宾客忧乐相通，宾至如归，什么也不用担心，现在晋国铜（今山西沁县南）的离宫上延数里，而来访的诸侯住在类似奴隶居住的房子里，门口进不去车子，而又不能翻墙而入。如果不拆墙而入，怎样进奉财礼？虽然君主遭到鲁国丧事，但这同样是敝邑的忧虑。如果能够奉上财礼，我们愿把墙修好再走。这是君主的恩惠，岂敢害怕辛劳？"士复命，赵文子认为情况确实如子产所说。晋国实在是德行有亏，把容纳奴隶的住处去接待诸侯，这是晋国的罪过。于是派士前去向郑国群臣致歉。晋平公很快就接见了郑简公，并且礼仪有加，宴会隆重，馈赠丰厚，然后送他们回去。其后，又重新建造接待诸侯的宾馆。

子产是一个务实的、精明的政治家，他执政三年，郑国法纪严明，国人各得其所，国家逐渐富强。郑人甚至还歌颂道："我有子弟，子产教育；我有田土，子产栽培。子产若死，谁来继承？"子产还是一位伟大的思想家，他首铸刑书，首颁成文法典，第一次明确提出天道与人道各不相同、互不相关的天人相分思想，产生了深远影响。

吴季札周游列国·郑子产问平公疾

　　周景王元年（前544），博学多才的吴国季札开始周游列国。他先到鲁国，见到叔孙穆子，很喜欢他，但见他好善而不能择善，对他说："您是鲁的京卿而且承担国政，不慎重举拔善人，怎么行了？祸患必然会降落到您身上。"季札请求聆听周朝的各诸侯国的音乐，观看周朝的舞蹈。乐工先后为他演唱了《周南》、《召南》、《邶》、《鄘》、《卫》、《王》、《郑》、《齐》、《桧》、《魏》、《唐》、《陈》、《小雅》、《大雅》、《颂》，他对每一首音乐都作出了独具慧眼的品评。对《南龠》、《大武》、《大厦》等舞蹈，他也一一作了评价。

　　聘鲁后，季扎又到了齐国。季扎见到晏子，很喜欢他。他预料齐将会发生祸乱，建议晏子即时交出政权和封邑，以免灾祸。晏子听从其劝告，通过陈桓子交出封邑和政权，并因而得免于栾氏、高氏发动的祸难。离开齐国，他又聘问于郑国。季札见到子产，一见如故。他告诉子产："郑国的执政奢侈，祸患将至，政权必然落入你手中。你执政后，要用礼仪来谨慎地处理事务，否则郑国就会衰败。"郑国政权更迭果如季札所言。结束郑国之行，季札取道卫国聘问。他见到卫国举国多君子仁人，认为卫国不会有祸患。同年，他还到了晋国。在晋国，他见到赵文子、韩宣子、魏献子三人，很欣赏他们。季札认为，晋国将要为这三家所分。他临别时还对叔向说："晋国国君奢侈，然而优秀的臣下却很多，政权必定会归于私家，你一定要注意免祸。"季札的学识和见解深得各国公卿大夫敬佩。

　　周景王四年（前541），晋平公染疾。郑简公派子产赴晋聘问，并探视平公疾病。叔向告诉子产，卜人说平公的疾病是由于灾星作祟。子产不相信，认为卜人这一套是无稽之谈。他说："君主的疾病是由于劳逸、饮食、哀乐不调所致，山川、星辰的神灵怎么能降病于人呢？我听说，君子有四段时间，早晨用来听取政事，白天用来调查咨询，晚上用来确定政令，夜里用来安歇休息。这样就可以有节制地散发血气，千万不要让它有所壅塞，使身体衰弱，从而心中糊涂、百事昏乱。现在恐怕是血气用在一处而生病。"叔向很赞同子产的话，并向晋平公报告。晋平公称颂子产是一位知识渊博的君子，并赠送厚礼给他。

季札和子产不靠神话传说、宗教迷信而靠人类理智和专业知识分析、评价和预测世象，表明知识自春秋中期已开始发挥越来越主要的作用。

彩绘季札挂剑图漆盘。盘中间绘春秋吴国的季札挂剑徐君冢树的故事。据器铭可知，该器产于蜀郡。

周礼尽在鲁

　　随着大一统的周室的衰落，周文化渐渐在中原各国湮没不闻，只有鲁和齐还比较完整地保留了周文化。周景王五年（前540），晋平公遣韩宣子聘鲁。韩宣子在国太史处看书，见到周传下来的《易》、《象》和《鲁春秋》等文化典籍，十分赞叹地说："周礼尽在鲁国，我现在才知道周公的德行和周朝所以能够成就王业的缘故。"鲁和齐深厚的传统文化土壤促使两国成为春秋、战国时代的文化中心，养育了从孔（子）、孟（子）到稷下学派这一文化主流，为中国文化得以连绵不断的发展作出了重要贡献。

老子著书出关·《道德经》代表中国纯粹哲学

据传春秋战国之际，我国古代著名哲学家、道家学派创始人老子著写《老子》，阐述他的哲学思想。

老子，姓李名耳，字聃，楚国苦县（今河南鹿邑）厉乡曲仁里人，曾任东周王朝守藏史，掌管图书典籍。相传孔子曾向他问过"礼"，他则给孔子讲述许多深奥的道理。他一生修行道德，晚年才"著书言道德之意"。是为《老子》，又名《道德经》，全书分上下篇，共81章，计5000余言。在《道德经》一书中，老子以"道"为核心，创立了他的哲学体系，包括世界本原说、朴素辩证法及认识论等等。

"道"是老子哲学体系的核心，他认为"道"先于世界万物存在并且是产生世界万物的神秘本原，"有物混成，先天地生。"、"吾不知其名，字

老子授经图。春秋时期的思想家老子，后来被道教徒神化，奉为教主，在中华大地的多元神系中，占有重要的一席。本图绘出了老子在松树下坐在榻上授经的场面。仙风道骨的老子，颇具"天尊"的气度。

老子骑牛图，北宋晁补之绘。道家创始人老子倡导的恬淡虚无、清净无为、抱朴归真的人生观倍受后人推崇，成为后世养生学的基本准则。

之曰'道'"就是说在天地形成之前就有一个浑然一体的东西存在。在老子看来，"道"是一个神秘的、不可感知的精神性实体，并且由"道"可生出万物世界。"道生一，一生二，二生万物"（《老子》第四十二章），可以说由"道"化生出元气，由元气产生阴阳二气，再由阴阳二气和合而产生天地万物，老子以"道"为万物本原的学说，结束了传统的上帝鬼神的传统，提高了哲学思辩的高度。

以"道"为基础，老子又提出他的朴素辩证法思想，他认为无论自然界还是人类社会，无时无刻不在运动变化之中，并在这运动变化之中概括出一系列相互矛盾的范畴，如有无、福祸、美恶等。并指出每一矛盾范畴的两个对立面是相互依存和相互转化的，"天下皆知美之为美，斯恶已。"就是说，当天下人都知道美之所以为美的时候，也就知道了丑的含义了。在承认矛盾双方互为存在条件的前提下，老子还认为对立面双方并非一成不变的，而是无不向其反方面转化，提出"反者道之动"的朴素辩法思想，作为事物矛盾转化的普遍法则。"祸兮，福之所倚；福兮，祸之所伏"。

在认识论方面，老子否认人的知识来自于感觉经验，他认为体认"道"，完全不需感性认识，只需要"虚静"、"玄鉴"的认识方法，即可达到"闻道"的目的。"虚静"、"玄鉴"即要求人们内心虚静，不持任何成见，也不受任何外界干扰，以达到心灵虚静的状态。以这为基础，他反对启迪民众智力，要人们"绝圣弃智"、"绝学无忧"，公开主张实行愚民政策，以维护统治阶级的统治。

老子除了将"道"作为世界万物的本原外，还将之作为是万物的归宿。万物从"道"而生，最后又复归于"道"，"夫物芸芸，各复归其根。归根曰静，是谓复命。"这一思想反映到社会历史观方面，老子认为人类应重返纯朴的自然状态，从而形成了他所谓"小国寡民"的乌托邦思想。

老子的哲学思想，到后来基本上发展为两个方向。一是庄子将老子的世界观发展成为虚无主义；另一就是将"道"解释为规律，以"道"为礼、法的思想依据，形成了法家学派。此外，老子的思想对后来道教哲学也有很大的影响，被奉为道教"教主"。

老子的本体论是体系的，而且惊人地清晰。它把道确定为世界的本体，它是无差异的、不可以以人的感觉和知性把握的先天存在，它生成万物，生成的方式是差异化和递归，物之所以存在是因为它被生成，其所以生成的过程和方式就是德。老子花了大量篇幅谈道的无限、无差异和非知识，并谈及它与世界的生成关系（这关系引起了混乱，似乎它才是道，是生成，而本体是"自然"，道法自然，老子的"道"在这里不是很清楚）。

老子的哲学是完整体系，道无结构无组合，它以差异、递归、德育产生出万物。道是真正的纯粹（而非实践、社会）哲学，他的行为哲学也完全从关于道（理）的理论中引出，因而他是中国真正唯理主义的先驱与代表。

老子的认识论、社会哲学和行为哲学由此派生，并偏激地向无差异、无为的道回归而放弃另一方，这完全起源于他本人对他的时代的认识和个人道德倾向，对后世产生了很大的、一般说来是消极的影响。

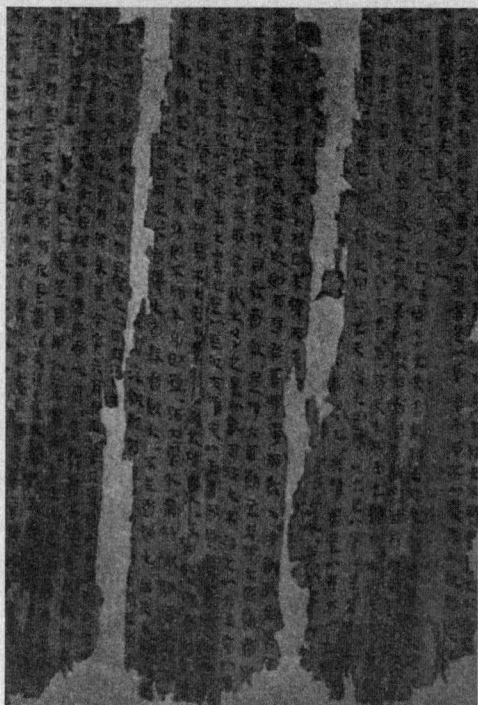

西汉帛书《老子》（残页）

孔子成人

　　孔子，名孔丘，字仲尼，周灵王二十一年(前551)生于鲁昌平乡陬邑(今山东曲阜东南)，他的祖先是宋国的孔防叔，因逃华氏的逼害，到了鲁国。孔子的父亲叔梁纥和母亲祷于尼丘，野合生了孔子。孔子出生时，叔梁纥去世，葬在防山(今曲阜东)，母徵年轻便守寡，不曾送葬，因而不知道叔梁纥葬在哪里。孔子小时候，玩游戏时常"陈俎豆，设礼容"。孔母死后，孔子将她葬在五父之衢，并寻找父亲葬处。輓父的母亲告诉了孔子，孔子就把父母合葬在防。周景王十年(前535)，孔子十七岁。已非常懂礼，鲁国大夫僖子临死

孔子问礼老聃

孔宅故井。孔子十六七岁时母亲去世，开始独立谋生，
洗衣、做饭、种菜、挑担等，无不自立为之。同时，
他还发奋自学，终于成为一代名师。孔子的学习精神，
常为后人所效仿。图为孔子故宅内的"孔宅故井"。

前对他的儿子懿子说：孔丘是圣人的后代，我听说圣人之后虽然现在不出名，有朝一日会飞黄腾达的。如今孔子年纪轻轻已经很懂礼仪，能不发达吗？我死后，你们一定要拜他为师。僖子死后，懿子和弟弟南宫敬叔就到孔子处学礼。之后，南宫敬叔向鲁君请求让他和孔子一齐到周询问礼仪。鲁君赐给了他们一车两马。孔子见到老子，老子教导他"良贾深藏若虚，君子盛德，容貌若愚"，还要孔子去掉骄气、多欲、态色和淫志这些无益于身的东西。孔子见老子后对弟子说：我今天见到老子，就好像见到乘风云上天的无所约束的龙一样。

子产铸刑鼎·中国第一部成文法诞生

　　周景王九年 (前 536) 三月，在子产主持下，郑国将刑法条文铸在鼎上。晋叔向派人向子产致书说，从前先王衡量事情的轻重来判罪，并不制定刑法，害怕百姓有争夺之心。但这不能禁止犯罪，因此就用道义来防范，用政令来约束，用礼仪来奉行，用信用来保持，用仁爱来养育。并且制定禄位以勉励服从的人；严厉地判罪以威服放纵的人。还怕不能收效，所以又用忠诚训诫他们，根据行为奖励他们，用知识技艺教导他们，用和悦的态度使用他们，用坚决的态度判断他们的罪行；还要访求聪明睿智的卿相、明白事理的官吏、忠诚守信的乡长、慈祥和蔼的老师，这样，百姓才可以使用而不发生祸乱。百姓知道法律，就会对上面不恭敬。大家都有争夺之心，并征引刑法作为根据，而且想侥幸得到成功，这样就不能治理。夏朝有违犯政令的人，就制定《禹刑》；商朝有违犯政令的人，就制定《汤刑》；周朝有触犯政令的人，就制定九刑。现在您制定三种法律，把刑法铸在鼎上，打算以此安定百姓，是很难的。《诗》说，效法文王的德行，每天抚定四方。又说，效法文王，万邦信赖。像这样，何必要有法律？百姓知道争夺的依据，将会丢弃礼仪而征引刑书，一字一句，都要争个明白。触犯法律的案件会更加繁多，贿赂就会到处使用。在您活着时，郑国恐怕就要衰败，我听说，国家将要灭亡，必然多订法律，说的就是这个。子产向给叔向复信说，按照您所说，子产我没有才能，不能考虑到子孙，但我是用来挽救当世的。尽管不能接受您的命令，又岂敢忘您的赐予！

　　子产所铸的刑书，是中国第一部成文法，是中国法律 (特别是刑法) 的真正起源，同时又是春秋时代上层建筑领域的重大创造。

演奏图，清人任熊绘。

弹箜篌图，清人任熊绘。

子产铸刑鼎

晏婴论乐

周景王二十三年(前522),晏婴对音乐作了论述:"一气(动感情)、二体(舞有文武)、三类《风》、《雅》、《颂》、四物(四方之物制成乐器)、五声(宫、商、角、徵、羽)、六律(黄钟、太簇、姑洗、蕤宾、夷则、无射,阳声为律,阴声为吕)、七音(宫、商、角、徵、羽、变音、变徵,即今谓音阶)、八风(八方之风)、九歌(九功之德皆可歌颂)以相成也;清浊、小大、短长、疾徐、哀乐、刚柔、迟速、高下、出入、周疏以相成也;清浊、小大、短长、疾徐、哀乐、刚柔、迟速、高下、出入、周疏以相济也"。这是我国较早而完整的一种音乐理论。周景王令晏婴铸"无射"编钟,曾向著名音乐家伶州鸠请教音律,这时已有以黄钟为首的十二律,而且以此作为铸钟的理论根据。

晏婴论音乐、论同和,以及单旗"子母相权论"的提出,老子道学的出现,表明中国这一时代已出现了一些理论,开始在较抽象的领域发展,中国文明在各个方面开始展开。

孔子赴齐·三月不知肉味

　　周敬王六年（前514）孔子赴齐国，成为高昭子的家臣，并想拜见齐景公。孔子与齐太师谈论乐，学《韶乐》，欣赏音乐后，三月不知肉味。

　　齐景公向孔子询问政道，孔子回答说："君君，臣臣，父父，子子。"景公称善。后来，又复问，孔子说"政在节财"，景公大悦。

　　孔子的出现是时代的象征。他将以同族结合为基础的礼乐转换为较具普遍社会性的礼乐——社会制度，进而提出"仁"做为礼乐实现之目标。"仁"一方面是指个人的人格，个人人格没有贫富贵贱之别。另一方面则指人际关系，人际关系以彼此承认对方的人格为要。要实现"仁"，必须靠教育和教养；而礼乐则是实现"仁"的手段，因此要从礼乐的学习与研究着手。孔子以身作则，从事教育工作，所收学生不限阶级，诚可谓"有教无类"。其精神是可佩的。

　　春秋战国时代中国的音乐发展到了一个高峰，孔子闻韶不知肉味的故事体现了当时音乐艺术和音乐欣赏的水平，文人和士大夫把音乐修养作为教养的一部分，孔子还由此引申出礼乐精神，成为战国儒家的一个核心观念。

子太叔论礼仪

　　周敬王三年（前517）黄父之会时，郑国子太叔拜见晋赵鞅。赵鞅询问揖让、周旋之礼。子太叔回答说这些是仪，不是礼。赵鞅问什么叫礼。子太叔回答说，先大夫子产说："礼，是上天的规范、大地的准则、百姓行动的依据。天地的规范准则，百姓就加以效法。效法上天的明亮，依据大地的本性，生出上天的六气，使用大地的五行。气是五种味道，表现为五种颜色，显示为五种声音。过限度就会昏乱，百姓就失掉本性。因此制作礼来使它有所遵循：制定了六畜、五牲、三牺，以使五味有所遵循；制定九文、六采、五章，以使五色有所遵循；制定九歌、八风、七音、六律，以使五声有所遵循。制定君臣上下的关系，以效法大地的准则；制定夫妇内外的关系，以规范阴阳二物；制定父子、兄弟、姑姊、甥舅、翁婿、连襟的关系，以象征上天的明亮；制定政策法令、农工管理、行动措施，以随顺四时；制定刑罚、牢狱而让百姓害怕，以模仿雷电的杀伤；制定温和慈祥的措施，以效法上天的生长万物。百姓有好恶、喜怒、哀乐，它们从六气派生，所以要审慎地效法、适当地模仿，以制约六志。哀痛有哭泣，欢乐有歌舞，高兴有施舍，愤怒有战斗。高兴从爱好派生，愤怒从讨厌派生。因此要使行动审慎，使命令有信用，用祸福赏罚来制约死生。生，是人们所喜好的；死，是人们所讨厌的。人们的哀伤、欢乐不失于礼，就能够协调天地的本性，因此才能够长久。"

　　赵鞅听了以后赞扬说，礼的宏大到了极点！子太叔说："礼，是上下的纲纪、天地的准则，百姓依靠它而生存，因此先王尊崇它。它的宏大，不也是适宜的吗？"

　　子太叔这段礼仪之论，实际上是郑国政治家子产的思想。在春秋当时，"礼崩乐坏"，子产在哲学上将礼作为天地之道，称传统的礼为仪，这是春秋第一个重要哲学思想，对战国时儒家的"礼"有重大影响，是孔子、荀子等人礼乐思想的先驱。

孔子仕鲁

鲁定公五年（前505），季桓子家打井得一瓦器，里面有一物似羊。季桓子询问孔子，说自己得到的物体像一只狗。孔子答道，以我所知道的，应该是羊。木石中的怪物是夔、魍魉，水中的怪物是龙、罔象，土中之怪是羵羊（传说中穴居的怪羊）。吴国进攻越国，毁会稽山（今浙江绍兴东南），得一骨节，其大满车。吴使询问孔子，什么样的骨头最大？孔子答说：禹会百神于会稽山，防风氏后至，禹杀之，其骨节大至满车，这就是最大的骨节。孔子知识广博的名声逐渐传播出去。鲁定公八年，季氏家臣公山不狃在费（今山东费县西北）反叛季氏，派人召孔子，孔子修道日久，学识丰富，可是没有人启用他，英雄无用武之地，公山不狃既召之，孔子跃跃欲试，准备应召，感慨而言：周文王、周武王起于丰、镐（今陕西西安市西）而最终称王，费虽小，难道就没有一点可能性吗？孔子弟子子路不同意，劝阻孔子。孔子说：假若我被启用，我将为周王室效力啊。然而孔子终于没有应允公山不狃之召。

名声在外的孔子，终被鲁定公所用，先任孔子为中都主管，为时不过一年，政绩显著，四方效仿，遂被升迁为司空，后又迁升为大司寇。鲁定公十年（前500），定公将与齐景公在夹谷相会（今山东莱芜东南）。齐大夫黎鉏向景公献计：孔丘虽知礼但胆怯，相会之时叫莱人奏乐，乘机囚获鲁君。齐景公也一直担心孔丘事鲁危及齐国，便打算采纳黎鉏的计策。会面日期将至，鲁定公准备只乘车前往，不作武力准备。孔子谏道：有文事必有武备，武事必有文备。相会之日，孔子担任"相礼"。齐国官员请进四方之乐，景公同意，于是羽旄剑戟鼓噪而进。孔子看穿齐国欲谋不轨，急忙说道：两国国君为交好而相会，夷狄之乐怎么可以进来？于是就请齐国官吏叫他们退场。隔了一会儿，齐国官吏又生一计，请进宫中之乐，景公又同意，戏子侏儒打闹着相拥而入。孔子正色道：匹夫惑乱诸侯当斩。命令鲁国官吏拿下戏子侏儒立即处死。齐景公开始害怕起来，自己也觉得不仁不义，于是归还侵鲁所得之郓（今山东沂水东北）、汶阳（今汶河北）、龟阴（今山东泰安东）三地，以表示弥补自己的过失。

孔子前半生用心于政治，力图复礼，在为鲁国任用的一段时间里曾全力施展其抱负和才能，在司法、教育和打击三桓势力上作过不少努力，虽然见效不大，但也显示了他的政治见解。后因与鲁国君臣政见不合，孔子于55岁时去鲁，开始了他周游列国的阶段。

在陈绝粮。孔子周游列国时曾被困于孙蔡之间，虽绝粮，仍讲诵不衰。图为《圣迹图》中所表现的情景。

孔子离鲁去卫·开始周游列国

　　周敬王二十二年（前498）鲁司寇孔丘对鲁定公说："文臣不能藏兵器，大夫不能有超过百雉之城。"请求毁掉三桓之都邑，包括季孙氏的费（今山东费县西北），叔孙氏的郈（今山东东平县东南），孟孙氏的成（今山东宁阳东北）。三桓的臣宰势大震主，往往控制三都以欺凌三家，如南蒯曾据费邑发动叛乱，候犯曾占据郈，两次围攻都不能攻克。所以三桓为三都之事苦恼。叔孙氏先毁掉郈邑。季氏打算毁掉费邑，费邑之宰公山不狃和叔孙辄率领费邑人袭击鲁都。鲁定公和季孙等三人躲进季氏宫室，登上武子之台。费人攻打，没有攻克。费人攻到武子之台下面，司寇孔子命令鲁大夫申句须和乐颀下台回击，费人败北。国人追赶，又在姑蔑（今山东泗水县东）将其打败，公山不狃和叔孙辄逃奔齐，于是就毁掉费邑。将要毁成邑时，成邑总管公敛处对孟孙说，毁掉成邑，齐国人必然可以直抵国境北门。而且成邑是孟氏的保障。没有成邑，就没有孟氏。后来，鲁定公领兵包围成邑，但没有攻下。

　　此年冬，鲁定公叛晋，与齐景公盟于黄，齐赠歌舞美女给鲁，鲁定公及执政季桓子终日沉迷于歌乐酒色，"三日不听政"，孔子终对鲁失去希望，自此离鲁，周游列国。

孔子归鲁·开始著述

鲁哀公十一年（前484），应鲁大夫季康之召，孔子返回鲁国。此时，距离孔子率弟子出外游历宋、卫、陈、楚、蔡等国已14年之久。孔子虽满怀改良时政、复兴周礼的政治抱负，然而终不见用。

孔子初归鲁时，鲁哀公、季康曾先后问政于孔子，但终究没有重新启用。孔子眼见自己的政治理想无以施展，于是转而致力于讲学与著述，以求得自己的理想、思想、学识流播于后世。

《春秋》是鲁国历代史官世袭相承集体编录，记载了从鲁隐公元年至鲁哀公十四年（前722—前481）共242年的历史大事。孔子及其门人从维护周礼的准则出发，重新修订《春秋》。因而，当时吴、楚之君皆自称为王，《春秋》贬之为"子"。践土之会实召周天子，而《春秋》讳之为"天王狩于河阳"。欲以此来规范诸侯各国，拨乱反正，所谓"《春秋》行而乱臣贼子惧"。

孔子有感于当时周室衰微，礼乐皆废。说"为国以礼"，又说"不学礼，无以立"。"礼"指周礼，包括奴隶制的条法等级世袭制度、道德标准和仪节。孔子又强调"礼"必须以"仁"的思想感情为基础，"仁"与"礼"要相辅相成。

孔子又相当重视"乐"的陶冶情感作用，乐指音乐，因"诗"为歌词，合而言之，"乐"也包涵诗。孔子主张"礼"以修外，"乐"以修内。以为"安上治民，莫善于礼；移风易俗，莫善于乐"（《孝经·广要道》）。

从西周开始至春秋中期，传下古诗3000篇，孔子去其重复，取可施于礼义者，删定为305篇，并分为"风"、"雅"、"颂"三类，即流传下来的《诗经》。孔子说"诗"的作用有四：激发道德情感；观察风俗盛衰；增进相互情谊；批评政治得失。

与此同时，孔子开办私学，弟子先后达3000多人，身通六艺者70余人。

孔子的教育目的是造就改良政治需要的"贤才"。"贤才"即"君子"，"君子"首先必须是道德完善的人，能以身作则，"修己以安百姓"。因"为政以德"（《为政》），法治具有强制性，只能约束人们的外部行为，德治才具有感化力，才能影响人们的心灵，所谓"其身正，不令而行；其身不正，虽令不从"（《子路》）。

在教育方法上，孔子注意个性差异，根据不同的个性特点进行教学，因材施教，循序渐进，启发诱导，调动学生学习的主动性与求知欲，引导他们发展道德情感，树立道德信念，追求远大理想。孔子又强调学习与思考、学习与行动相结合。所谓"学而不思则罔，思而不学则殆"（《为政》），"听其言，观其行"。

孔子早年热衷于仕途，但限于历史条件，其政治抱负不为世人理解，在经历周游列国的磨难后，专力于著述和教学，编定五经，奠定了儒家基础，而儒家成为汉代以后的文化主流。

孔子讲学图

孔子不仕修诗书图，［明］《圣迹图》

中国第一部诗歌总集《诗经》编成

　　《诗经》是中国最早的一部诗歌总集，编成于春秋中叶，收集了从西周初到春秋中叶约500年间的诗歌305篇（另有《南陔》、《白华》、《华黍》、《由庚》、《崇丘》、《由仪》6篇，只存篇名，疑是后人所加），先秦称为《诗》或"诗三百"，到汉代《诗》被朝廷正式奉为儒家经典，始有《诗经》之名，并沿用至今。

　　《诗经》是经过不断的搜集、整理和编订而成的。相传周代采诗官员"行人"深入民间四处采访，收集民歌以供朝廷了解民情风俗和考察政治得失，另外周代又有公卿大夫和诸侯向天子献诗的制度。这些搜集和陈献来的作品经过乐师的审理编定，使其词汇、句法、韵律都相当一致。

　　《诗经》的作品当时是用来配乐歌唱的，根据音乐的不同，分为"风"、"雅"、"颂"三部分。"风"是各诸侯国的地方音乐，共160篇，其中大部分是民歌；"雅"是西周京畿地区的正声音乐，共105篇；"颂"是用于宗庙祭祀的舞曲歌辞，共40篇。《诗经》中最富有思想意义和艺术价值的是《国风》，它广泛而真实地表现了下层人民的生活困苦和喜怒哀乐，反映出当时严重的阶级对立。如《豳风·七月》把农夫终年的艰辛劳作与统治阶级奢侈无聊的生活加以对比；《魏风·伐檀》中对不劳而获的剥削者发出强烈质问："不稼不穑，胡取禾三百廛兮？不狩不猎，胡瞻尔庭有县貆兮？彼君子兮？不素餐兮？"而《魏风·硕鼠》把剥削者比作大老鼠，抨击他们"莫我肯顾"，表示"逝将去汝，适彼乐土。"还有不少作品控诉了战争和徭役给人民带来的灾难。如《唐风·鸨羽》写无休无止的"王事"使人民无暇耕作，家中父母无人奉养；《邶风·式微》写主人公长期服役，奔走于泥涂，抱怨统治者使他有家不能归。另外，歌颂爱情婚姻和家庭生活的作品在《国风》中占了很大比重，有的写相思苦、失恋愁，有的表现了对爱情的忠贞、对礼教的反抗等。

《诗经》风格朴实清新，逼真地再现了生活原貌；开创了中国诗歌的写实传统。其表现手法，前人概括为赋、比、兴。赋是用铺陈手法直接叙事抒情，多见于《颂》和《大雅》，如《七月》中以时令和物候的变化为背景，详细描写农夫一年四季的生活状态，展示了一幅农村的生动风俗画。赋对《诗经》的写实性和形象性起了积极作用。比即比喻，对人或物加以形象的比喻，使其特征更加鲜明突出，如《庸风·相鼠》和《魏风·硕鼠》用令人憎恶的老鼠来比喻统治者的贪婪和丑陋，《豳风·鸱鸮》假托一只小鸟诉说其不幸遭遇，以比喻下层人民生活的艰难。兴是借助其他事物作为发端，引起所要歌咏的内容，使人产生联想，或用于烘托和渲染气氛，如《邶风·谷风》用"习习谷风，以阴以雨"开端，给全诗罩上一层阴暗色彩，预示着矛盾的爆发和女主人公的悲剧命运。赋比兴手法的运用，可在诗中产生多重艺术效果，增加诗的韵味和形象感染力，构成生动鲜明的艺术形象。

《诗经》主要是四言诗，这是在原始歌谣的基础上发展起来的早期诗歌形式，适应当时劳动、舞蹈的节奏和语言发展水平。《诗经》语言准确生动，动词和形容词运用精当巧妙，用重叠的章句来表达思想感情，在音律和修辞上都收到美的效果。

幽凤图卷（两幅）。此图设色画《诗经·豳凤》中《七月》等七篇大意，字画各七段，每段画面前书《诗经》原文。卷中书画均无款印。本幅上有明人项笃寿、项元汴、清人梁清标诸印及乾隆、嘉庆、宣统内府收藏印多方。经《清河书画舫》、《清河书画表》、《式古堂书画汇考》、《大观录》、《石渠实笈·续编》、《石渠随笔》著录。

鹿鸣之什图卷

鹿鸣之什图卷

近代的文学史家一般轻视雅诗和颂诗，而注重由民歌构成的国风。但实际上，雅、颂也有相当的艺术价值，其中一部分是真正的文人纯文学。

即使是国风也不能完全代表民歌特色，尽管其中大量的内容无疑是来自民间，但加工者的改造一定是非常大的，因为从押韵上看不出一点地方方言的痕迹，而这种情况在民歌中几乎没有可能发生。

所以，我们在很大程度上可以把国风看作孔子（也许还有其它人）的改造，而雅、颂的改造可能小一点。在改造中表达了春秋时代与雅诗一致的审美观。从各方面看，它们反映了春秋赋诗所代表的时代风尚和孔子学派的政治和审美观点。

孔子逝世

周敬王四十一年（前479）四月十一日，孔子逝世，享年七十二岁。鲁哀公作诔文悼念孔子，开后世诔文之先河。孔子的门徒服丧三年，而子贡则在墓冢旁建房而居，六年之后才离去。因为孔子弟子及鲁国人在孔子墓附近聚居，所以墓地一带就叫孔里。

孔子在浓厚的礼乐文化氛围中长大，加之他勤奋聪慧，少时已掌握礼、乐、射、御、书、数等方面的知识，以好礼而闻名于鲁国，并曾专程到周向老子请教礼仪。

孔子少时贫贱，前半生热衷政治，曾作季氏小吏。鲁昭公二十五年（前517），孔子在齐高昭子家作家臣，后来又回到鲁国，聚集门徒讲学，门徒日增。鲁定公时，孔子曾出任中都宰、司空、大司寇官职。前500年，他随定公在夹谷会见齐景公。前497年，孔子想伸张国君的权利而堕三都，但由于孔子本质上是个文人，他的政治主张多是理想化的，不切合实际，堕三都以失败告终。前496年，孔子摄行相事，执政两月使鲁国大治。后因不满鲁国当权的季氏的作为，弃官离鲁，带领弟子周游卫、陈、宋、郑、蔡、楚等国，多次遇险。孔子四处游说，但终不见用。前487年，孔子回到鲁国。

晚年的孔子不再求仕，自称"不怨天，不尤人，下学而上达"，闭门治学，潜心研究礼仪。他与弟子整理古籍，评论时事人物。传说作《书传》、《礼传》，为《易》作《彖辞》、《象辞》、《系辞》、《序卦》、《说卦》、《杂卦》、《文言》（人称《十翼》）；删减《诗》三千多篇为三百零五篇；整理《春秋》，使文辞简约而内寓褒贬；正乐，成六艺以备王道。孔子的主张虽然不被当时的君主所采用，影响却很是深远。他门下弟子三千，孔子以文、行、忠、信教诲他们，身通六艺有七十二人。

孔子信天道、天命，乃至鬼神，但他却少谈或不谈它们。在严格意义上把孔子作为哲学家是愚蠢的，但是，在严格的意义上不把他作为哲学家也是无知的。他并没有建立天道、自然的本位论学说，而是采取存而不论的态度，也就是在哲学上对天道和传统采取中止判断的手法。

在此基础上就是中止判断后重建的行为（他自称不是生而知之，必须学，就是这个意思），他的行为哲学的本质就是一种大同思想：将对象无区别地纳入自身，不断更新的大同就是"日新"。在伦理上，他认为人性大同，不应区别对待，他的仁（爱人）的核心是恕：恕是真正的、无区别的爱，他不是三纲五常伦理的提出者，他的礼多半指的是文明（在这一点上是矛盾的，他确实区别了社会等级，但也说过礼不是它们）。在教育上，他的方法是有教无类。在政治上，他提倡天下为公的大同社会。

孔子行教图。孔子"有教无类"与"因材施教"的教育思想，在中国的历史长廊里永放光芒。图为唐吴道子所作《先师孔子行教像》碑。

孔子的伦理、社会思想在很多地方都是不统一乃至矛盾的，但是他的大同精神、日新精神和存而不问但求进取的精神却是战国文明的主导精神。

孔子的仁兴于诗、立于礼、成于乐的思想就是美的功用的分析（诗言志，因此仁成于意志，立于有别，成于和）。再结合其兴、观、群、怨说，就可以说，孔子的学说主要的是分析美和艺术对于个人和社会的功用。但是，无可置疑，从他的言辞和儒家对于音乐、和的使用和推崇来看，他接受了关于和的基本理论，这是其大同哲学的一个来源。

他关于尽善与尽美、文质两全以及中庸等审美标准的热衷对后代产生了很大影响。

孔子的道德学说与春秋道德思想

有联系。春秋人从西周的天道观下的德中解脱出来，以德作为政治、行为的规范，对于义、信、仁、忠等范畴从个人的角度进行规范，这是战国道德思想的发生。孔子完成了春秋的道德思想，从无本体（无天、无神）的纯人文角度设立了道德。

孔子的仁是社会道德的代名词，他的周礼是虚的，"人而不仁如礼何"，"礼云礼云，玉帛云乎哉"。因而他以仁为中心，以大同的恕为核心建立了仁的规范（中庸也与恕有关），并将仁与礼、义、智、勇、信等联系起来成为一个规范体系，与"性相近习相远"的观点相关，他提出了道德渐成和修养的学说。孔子是真正的伦理思想家。

孔门弟子守丧。孔子离世后，弟子们守丧三年(明无名氏《圣迹图》)，表示守礼和尊奉先师。

子夏传授孔学

周定王二十四年（前445），即魏文侯初年，晚年的子夏（前507～前445）在魏国西河讲学，传授孔子《诗》、《春秋》等儒家经典。

子夏姓卜名商，以字行。晋国温（今河南温县西南）人，一说卫国人，是孔子弟子。孔子死后，《诗》、《春秋》等儒家经典就是由他来传授。子夏主张"死生有命，富贵在天"，"大德不逾闲，小德出入可也"，提出"学而优则仕，仕而优则学"，强调国君应以《春秋》为鉴防止臣下篡夺。魏文侯尊他为师。李悝、吴起都是他的弟子。

孔子死后，"儒分为八"，有子张之儒、子思之儒、颜氏之儒、孟氏之儒、漆雕氏之儒、仲良氏之儒、孙氏之儒、乐正氏之儒。其中子思之儒、孟氏之儒，即思孟学派，是子思学于孔子弟子曾参，孟子又学于子思的学生，因而形成思孟学派，推重中庸之道和"诚"。孔子的弟子曾参（前505～前436），字子舆，鲁国武城（今山东费县）人。以孝行著称，以孝为伦理思想之本；认为"忠恕"是孔子一以贯之的思想，并提出"吾日三省吾身"的修养方法。曾参曾著《孝经》，

《六经》书影。孔子删定的"六经"，是《诗》、《书》、《礼》、《易》、《乐》、《春秋》六书。其中除《乐》原书不存外，其余五经尚存。图为后人辑注的《毛诗传笺》、《书经》、《礼经通论》、《虞氏易》、《春秋集语》。

后世尊为"宗圣"。孙氏之儒，即荀子一派儒学，主张"隆礼重法"，认为人不应听天由命，表达人定胜天的思想。其他各派，今无著作传世。子张之儒，指孔子弟子子张（姓颛孙，名师），相传这一派儒者主张"尊贤而容众，嘉善而矜不能"，"见危致命，见得思义，祭思敬，丧思哀"。颜氏之儒，指孔子得意门生颜回一派儒者，孔子赞扬颜回"好学，不迁怒，不贰过"。漆雕氏之儒，指孔子弟子漆雕开一派儒者，提倡廉洁正直。乐正氏之儒，指孔子弟子曾参的门生乐正子春，或指孟子弟子乐正克，属思孟学派。仲良氏之儒，所指不详。

子贡像。后世儒人多蔑视逐利之徒，但儒学创始人孔子的弟子中，就有经商致富的端木赐（子贡）。

思想家子思逝世

周威烈王二十四年（前402），思想家子思逝世（前483～前402）。子思，姓孔，名伋，孔鲤之子，孔子之孙，鲁国陬邑（今山东曲阜）人，传为曾参弟子。他以儒家道德观念"诚"（真实无妄之意）为世界本质，以"中庸"为学说核心。把"诚"视为超乎时空独立自成的精神实体，又视之为社会伦理制度之准则。认为天地万物依赖它而存在，又说："诚者，天之道也；诚之者，人之道也。"以"诚"为天人合一的理论依据。后世尊子思为"述圣"，著有《中庸》。

《中庸》是儒家的经典之一，重点发挥孔子"过犹不及"的思想，要求人们追求"和而不流"、"中立不倚"的境界，在君臣、父子、夫妇、兄弟、朋友这五种关系中实行智、仁、勇三德，以此为修身、治人、治国的基本。《中庸》的核心观念是"诚"。这些观点对后代的思想产生了深远影响。

子思的弟子孟子也发挥其说，形成战国较早的儒家流派代表——思孟学派，思孟学派作为发扬孔子学说的主要派别对后来宋明理学有很大影响。

1973年长沙马王堆一号汉墓出土帛书中有一组古佚书，经学术界研究，很可能属于思孟学派的"五行说"。

战国前期曾侯乙升鼎。饪食器，敞口，立耳斜置，浅腹，束腰，平底，三蹄足。腹部有对称的四条龙形装饰，龙口衔器沿。器表镶嵌勾连云纹、鸟首龙纹及梭形纹。腹内壁有铭文七字，表明为曾侯乙所作用器。出土时鼎内有兽骨。此种形式的升鼎，春秋中期起行用于长江中下游地区。

吴起论治国之道

　　吴起任西河郡守之后不久，魏文侯去世，太子击出继为魏武侯。与战国时期一般的诸侯国君不同，魏武侯早在继位之前就是一位立有赫赫战功的杰出将领。

　　周安王七年(前395)，魏武侯曾和吴起泛舟沿河而下，魏武侯对吴起说："美哉乎！山河之固，此魏国之宝也！"吴起没有随声附和，而认真地指出魏国应当宝贵的在于德，而不在于山河的险固。古时候三苗氏所居之处，左洞庭、右彭蠡，形势虽险阻，但由于不修德义而被禹灭掉，由于相似的原因，夏桀被汤灭掉，殷纣被武王灭掉，由此观之，国之所宝，在德不在险。假若君主不修德，那么同舟之人也可尽为敌国。对于吴起的宏论，魏武侯连连称善，表示信服。吴起的治军之术与治国之术联系在一起，表现了他作为战略家的眼光。

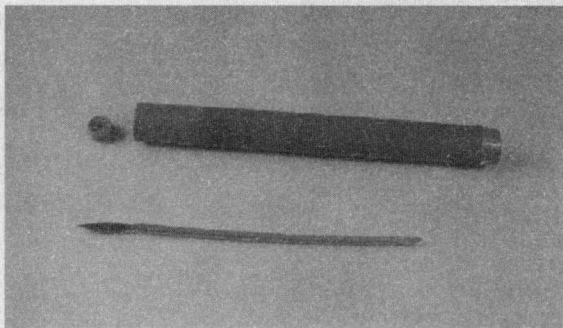

战国时期的毛笔

稷下道家学派形成

　　稷下道家学派，是指聚集在齐国稷下学宫讲学或游历稷下的一批道家学者。稷下之学始于齐桓公时期，兴盛于齐威王、宣王、襄王时代，具体时间约为前374年至前265年，比老子稍晚。稷下道家学派具体人物有彭蒙、田骈、慎到、环渊、接子、季真六人。彭蒙生活的时代稍晚于老子，约在战国中期齐威王、宣王年间。彭蒙的道学既受老子"道"论的影响，又有师传，具有自己的特点，即崇尚法制，认为"道"要受法的制约。这是稷下道家学派和老庄学派的不同之处。田骈曾"学于彭蒙"，因此，他的思想当与彭蒙接近。慎到与彭蒙一样，是兼有道家、法家思想的早期道学家。据《庄子·天下》记载，慎到思想的中心是"绝圣弃智"、"因循自然"。但慎到所说的"道"与老子所言之"道"相比，又过于机械，充满形而上学气味，缺少辩证认识。环渊是楚人，据《史记·田齐世家》等记载，他和田骈、慎到大体同时，著有《上下篇》。季真生活在战国中后期，是早期道学者中有影响的人物，但没有著作传世。他关于"道"的观点与老子基本上一致。

　　稷下道家学派对后世影响不大，但在战国时代则曾十分兴盛，是战国活跃的思想学术界的一个主要流派。

战国早期鹰首提梁壶。壶口与盖作鹰首状，双目圆睁，喙启闭灵活。提梁穿过盖上双环，与头部的双耳衔接。壶头长，腹深，平底，矮圆足，通体饰瓦纹，腹中部一道凸弦纹，腹背有一环形钮。整个器物造型生动，纹饰质朴，设计合理，使用便利。

《尚书》编成

　　中国古代的一部历史文献汇编《尚书》编成于战国时期，《尚书》又称《虞书》、《夏书》、《商书》、《周书》，战国时总称为《书》，汉人改称《尚书》，"尚"的意义是上古，"书"的意义是书写在竹帛上的历史记载，"尚书"意即"上古"的史书。

　　《尚书》所录，据称为虞、夏、商、周各代典、谟、训、诰、誓、命等文献，其中主要记载商、周两代统治者的一些讲话纪录，少数篇目为春秋战国人根据往古材料编成。

　　关于《尚书》编订年代，以前有说为孔子所编，近代学者多以为《尚书》编订于战国时期。秦始皇焚书后，《尚书》多残缺，汉初，《尚书》存29篇，为秦博士伏生所传，用汉时隶书抄写，称为《今文尚书》。西汉前期，鲁恭王拆毁孔子故宅，发现另一部《尚书》，是用先秦六国时字体书写，称为《古文尚书》。它比《今文尚书》多16篇。

　　《尚书》中涉及的虞、夏

战国虎鹿牛贮贝器。云南古墓群出土。器身为圆筒形，三器足作人形跪举状。器内装有海贝。筒身铸阴纹，以弦纹和节纹横向区分三段，段间铸雉鸟衔蛇和鹿群等图象。含有一定的宗教意义。

及商代部分文献是据传闻写成，不尽可靠。但多数为殷商、西周时期作品，具有重要的文献价值。体例上，"典"是重要史实或专题史实的记载；"谟"是记君臣谋略的；"训"是臣开导君主的话；"诰"是勉励的文告；"誓"是君主训诫士众的誓词；"命"是君主的命令。其它还有一些以人名、以事、以内容为标题。《尚书》内容丰富，在中国史学、文学、政治学上占有重要地位。如《盘庚》篇记载了商朝中期盘庚迁殷这一重大事件，反映出迁殷的原因、迁殷前后的社会思想状况和商王盘庚迁殷的决心及其对贵族们的反复告诫。《牧誓》篇记载了殷周政权更替之际周武王讨伐殷纣王的经过和气势，写出殷王的暴虐无道和周师的灭殷信念。而《尚书》中的殷商、西周人的记载，又是中国史学上最早的历史典册。与这种典册相关，中国历史上出现最早的史职、史官。《尚书》中的殷商、西周人作品正是这种典册制度和史官职掌相结合的产物。《尚书》中的一些作品还是中国史学的萌芽。如《召诰》反复讲到夏商兴废的历史，指出："我不可不监（鉴）于有夏，亦不可不监（鉴）于有殷。"《多士》讲殷商兴亡之故。《无逸》讲殷商统治者的勤与逸跟"享国"时间长短的关系。这些都是有意识地总结朝代兴衰的历史经验及其对现实的鉴戒作用，对后代史学影响深远。

自汉以后，《尚书》一直被视为中国封建社会的政治哲学经典，既是帝王的教科书，又是贵族子弟及士大夫必遵的"大经大法"，在历史上有重要影响。

邹衍创五德终始说

　　战国时期，阴阳家邹衍（号"谈天衍"）有感于治国者日益荒淫奢侈，不能以德治国，乃深观阴阳消息而作《终始》、《大圣》等篇提出了他的"大九州"说和"五德终始"说。

　　邹衍试图将宇宙各部分连贯为一个整体，并给予总的说明。他认为：中国是"赤县神州"，内有九州；像"赤县神州"这样的州，共有九个。中国是大九州中的一州，而这样的大九州共有九个，中国不过是全世界的八十分之一，这就是"大九州说"。它按照先验推理的方法由小及大、由近及远、由已知推及未知、由有限推及无限。因为其中含有很多幻想的成分，所以它是一种神秘主义。

　　邹衍在总结早期阴阳学说的基础上，提出了"五行生胜"的观点。他认为：水生火、火生土、土生金、金生水、水生木是"五行相生"的转化形式，反过来又存在着水胜火、火胜金、金胜木、木胜土、土胜水的"五行相胜"的对立关系。这种五行相生、相胜的特点，决定着自然界的变化，也决定着人类社会的更替。他认为虞、夏、殷、周的历史是一个胜负转化的发展过程，它按照土、木、金、火、水依次相胜而具有阶段性。他预见以后的发展是"代火者必将水"。五德终始说对后世产生了深远的影响。秦统一后，推五德之运，以为秦代周为水德，于是以十月为岁首，衣服旄旌节旗皆尚黑。重刑法，刻薄寡思，以合于水德之数。五德终始说为中国古代的"正闰"思想奠定了基础。汉以后的历代王朝都自称"奉天承运"，把"五德终始说"作为他们改朝换代的依据。

战国竹简

儒法之争

　　春秋以来，奴隶主贵族维护其统治的周礼逐渐失去了原有的威力，旧有的典章制度随之而衰落。因而出现了一批改革家如管仲、子产等，他们颁布法令与刑书，改革田赋制度，成为战国时期法家思想的先驱。

　　法家的创始人李悝任魏相时，废除了官爵世袭制，按照"食有劳而禄有功"的原则选拔官吏，与儒家的"贤其贤而亲其亲"的重德观有了差异。他还收集诸国法律，完成《法经》6篇。与李悝同时的吴起在楚国进行政治改革，破除世卿世禄制，强迫旧贵族去边疆垦荒。虽然使楚国强大起来，却为贵族所不容，其改革措施甚至被当面斥为阴谋诡计，最终为贵族杀害。商鞅在秦国实行两次变法，其主要内容是开阡陌封疆，废除井田制，承认土地私有，奖励农战，有军功可授爵位；实行郡县制，主张严刑重罚以杜绝犯罪。但他排斥道德教化，轻视儒家的礼乐，反对效法古代的治世之道。他的变革也使秦国富强起来，但却因得罪贵族而终遭杀害。而申不害、慎到分别强调重"术"和"势"，反对因循守旧。

　　到战国末期，韩非集法家思想之大成，将"法"、"术"、"势"三者糅

战国鹿角立鹤。陈设器。鹤昂首，钩形尖嘴，瘦长颈，两翅展开作轻拍状，拱背、垂尾，两腿粗壮有力，立于长方形座上。在古代，鹤被视为神鸟，鹤和鹿又是长寿吉祥的象征。把鹿角插在鹤头上，两者集于一体，可称为瑞鹤。

合为一，主张"以法为教"，厉行赏罚，奖励耕战。在理论上直接地批判儒学的治国方法。韩非继承荀子人性恶的思想，认为要治理好国家，必须依靠严刑峻法，而不能凭借仁义道德之教，认为"威势可以定暴"，"德厚却不能定乱"。儒家不顾社会的具体情况，言必道尧舜，韩非认为这"非愚即巫"。在他看来，治国之道随着时代不同、情况不同应有所变革。在"争于气力"的时代，只有实施法制，统一于法才能制服民心，稳定社会，强国富民。韩非甚至将儒家称为"五蠹"之一，说他们"以文乱法"，罪当禁绝。韩非把"法治"与儒家的"德治"对立起来，主张"不贵义而贵法"，"不务德而务法"。认为人们各以"计算之心相待"，根本不会有什么"恩爱"之心，嘲笑仁义道德不合时势，揭露了它的虚伪性。

法家对儒家在理论上和实践上的批判，顺应了当时由奴隶制社会向封建社会过渡的大势，对社会的发展起了积极的推动作用。但是法家"刻薄寡恩"，过分地压制的政策，显示出其残暴、酷苛、不合人情，也因此决定它不能一直居于显学地位。秦亡后，其法治思想被汉儒吸收到儒学体系中，主张德刑并用，成为地主阶级维护统治的有力工具。

庄子作《逍遥游》

战国中晚期，宋国著名哲学家庄子写成以《逍遥游》为主的一系列哲学著作，构成道家的重要理论，也成为道教的主要经典，对中国哲学、美学、文学和中国文化产生了深远的影响。

庄子（前369～前286）名周，宋国蒙（今河南商丘）人，他出身穷苦，靠打草鞋为生，一度在蒙做过漆园小吏，以后便终身不仕。庄子生性孤傲，曾拒绝楚威王的厚币相聘，一生过着贫困的隐居生活。

庄子学识渊博，才华横溢，常以寓言的形式表达哲学思想。他吸收老子《道德经》的思想，并进一步发挥，形成自己的思想体系。在先秦百家争鸣的学术氛围中，庄子哲学占有重要的地位，他因此与老子并称道家宗师。《逍遥游》充分体现了庄子哲学的内在禀赋和独特气质。而《逍遥游》的超然姿态又与万物齐一的观念以及忘却自我、与道合一的精神修炼紧密相关。所以《逍遥游》、《齐物论》与《大宗师》三篇自成一体，构成庄子哲学的基本架构。《齐物论》以相对主义的认识方式齐是非、齐彼此、齐物我；《逍遥游》主张各任自性的生存方式；《大宗师》以论道和修道为主要内容，说明达到逍遥游的修炼方法。

战国雷纹鼓。乐器。鼓身明显分为三段，胴部突出且大于鼓面，束腰，外侈足，腰部有四耳。属于云南石寨山铜鼓的早期形式。

《逍遥游》是庄子哲学思想的中心，《逍遥游》一文以鲲鹏和蜩鸠为例，说明凡物各有自然之性，只要顺应自性，任性而生，就可以逍遥自在，恬然自得。鲲鹏不必因为自己大而傲视蜩鸠，蜩鸠也不必因为自己小而羡慕鲲鹏，两者虽有大、小之差，但都可任性逍遥。这个寓言阐释了求道应该从自性中寻找，道既是无形无相、自本自根、先天地生的绝对本体，同时道又普遍存在于万物中，万物顺应自性存在，各有其本性，各有其生存方式，所以物与物之间又存在高低、贵贱的分别，从道的角度审视，万物齐一。逍遥游的生存方式与齐物论的哲学观点在这里统一起来。

不过，鲲鹏和蜩鸠这些动物虽然能任性逍遥，但还要依赖外界条件，只能达到有待的逍遥，这不是逍遥游的最高境界。庄子所追求的是绝对无待的精神自由——乘天地之浩气遨游无限宇宙。庄子肯定人通过自身修炼可以达到自由无待的境界，而且指出通过这种境界的修持方法，叫"心斋"或"坐忘"。意思是说，心、神专一，超越具体思维活动，保持身心虚寂进而忘却自身的存在与道合一，这时人的心神就可以不受外界条件限制，自由自在地遨游于道、我合一的无穷境域。

庄子描写的逍遥游，在许多人看来只是一种虚幻的仙境。事实上，庄子的"心斋"或"坐忘"不能理解为认识方法，由"心斋"或"坐忘"所达到的境界是一种审美体验，它丰富了中国美学。庄子的逍遥游开出的审美境界影响了中国艺术的发展，逍遥游体现的那种逍遥无待的道家风范为历代文人学者喜爱，成为中国艺术精神的一大特色。汪洋恣肆的文风使《逍遥游》成为中国文学史上的佳作，影响深远。

庄子及其后学的著作集成《庄子》，对后世形成多方面的影响。在宗教方面，它成为道教的一部经典，唐天宝元年诏号《庄子》为《南华真经》。哲学方面，《庄子》与《周易》、《老子》在魏晋时期并称"三玄"。玄学代表人物向秀、郭象发挥《庄子》的思想，作《庄子注》。在文学史上《庄子》也占有重要地位。此外，历代思想家都借注释《庄子》发挥自己的思想。

老庄并称为道家宗师，但其实他们不同的地方远多于相同的地方。庄子的本体论是其艺术哲学的一个模式翻版。

庄子以音乐和乐人作为他的主要思想（甚至孔子、颜渊在他的书中也如此），他的"虚静恬淡"的仙人之乡是一种旋律虚化所构成的世界（与理念世界迥然不同），是与言不同的意，而达到它的方式就是游，是主体的一种超越活动。心斋是忘我，是对主体客体同时超越，进入一个"道"和"和"

的世界。

与这个世界相似的是老子的道，因而庄子才成为道家（但其实二者是不同的，道更多的具有唯理性质，它的能生性更有逻辑意义），他把老子的道作为一个对象，但赋予道的是驱驰、变动，也就是游的性质，这就与老子拉开了距离。

庄子大量使用比喻手段（河水、大鹏、仙人、梦蝶），这是他的气质，用来表现游的特质（因而他并没有对它本身作有意义的独立刻画），他达到这个境界与他的艺术气质有关，因而后代人无论如何模仿都达不到他的水平，因为他的关键不在所达到的世界而在于达到这个世界的方法，这才是庄子的魅力所在。

老庄像。春秋、战国时期"诸子百家"中的道家，以老子和庄子为代表，合称"老庄"。清任熊绘的老庄像，表现的就是"庄生游道遥，老子守元默"的情形。

荀子任兰陵令

荀子，名况，字卿，亦称荀卿、孙卿，战国赵国人。其生卒年不详。据记载判断，荀子约在齐闵王末年到过齐，后离齐去楚。后荀子又至齐。时稷下先生田骈等已去世，荀子"最为老师"，三任稷下"祭酒"（稷下学宫首领）。秦昭王时，荀子曾赴秦，并见到昭王和范睢。秦昭王五十二年（前255），楚相春申君以荀子为兰陵（今山东莒南）令。后因被谗于秦庄襄王三年（前247）离楚赴赵，赵以荀子为上卿。居赵时，荀子曾遣书春申君，讥刺楚政。秦王政九年（前238），春申君死，荀子废居兰陵，居家著书，不久即谢世。荀子著书32篇，经西汉刘向编定为《荀子》一书。

荀子是战国时期继孟子之后的又一位儒家大师，他善于汲取诸子学派所长，发展和改造了儒家思想。不仅集儒学之大成，也集先秦诸子之大成。在自然观方面，荀子汲取了道家"天道自然"的合理内核，反对天命和鬼神迷信，以为"天行有常（规律），不为尧存，不为桀亡"，因而提出"制天命而用之"的唯物主义命题。

荀子的理论代表了中国历史上所存在的最高水平的理性，他关于学习、人的本质、理论哲学的论述与相关内容的现代论述相比唯一的区别就是他更合理、更明确。就是令假儒家谈虎色变的人性恶学说也是十分杰出的，达到了十七、十八世纪的水平。他的人性恶不过是把人的好恶天性作为人性的基本方面，而把理性规范作为后天习得。这听起来很有经验主义、功利主义、心理分析的味道。也许不是很多人同意这一论点，但有两点是清楚的，第一，他达到了西方心理伦理学在十七、十八世纪才达到的水平，第二，他的人性说比孟子的唯心主义的人性善更有道理更合实际。

他的制天是理性战国人对世界的征服精神的体现。

荀子是儒家的科学大师，在哲学上，应该说他的成就最大，能为现代接受的最多，但他的精神和方法都不是宗教的，甚至是反宗教的，因而一直不受重视。

他的思想方式主要是论辩式的，在理性和经验的基础上解决一些问题，虽然也讲阴阳，但他把天地看作是自然的，而且自然规律不以人为转移，但人可制天而用之，他的人性恶的论点与孟轲不同，但孟轲是理论，而他是论辩，他研究礼与刑的关系，区分王道与霸道，对于认识的功能、名实的起源与关系、认识的限制都有精到的见解。

荀子的道德学说是很精彩的，代表了战国文明伦理学的最高水平。他将孔子的礼上升为（其实是更符合原意）规范天地万物、人生的根本法则，以之为法、道德的本体，这就将战国文明中伦理的概念上升为规范法律、政治的东西，进而他以礼区分人与动物。并且以欲望为人的本性（所谓性恶），因而礼才制定出来以达到社会公利。

他的理欲、义利（以及荣辱）观是理论上的发挥，从这一点说，他和孔子一样在伦理学上是超时代的，近代功利主义者才达到他们的水平，他用人性来说明善恶起源，用礼来说明个人与公利的关系是现代的；他用层级化的礼（他建立了分、辨、别的社会伦理，规范了各色人等，实际上提出了纲常说）则是战国式的，在这结构之上，他以从人性到礼仪（伪）的变化为"注错"（安置），则就是他们之间的变换，提出了修习道德的积累和环境化原则。

荀子的心理学决定了战国文明的人性论范式，他的主要观点来自他的一个方法：器官是物质的，其功用在与对象作用时产生一系列心理现象。这样就在心理活动这一变化中将心理器官与心理现象联系了起来。

他以心和五官为物质（形），以其功用（神）为其自身具备，而"精合感应"（对象的作用）是神（能、

《荀子》（元刊本）

知）的产生原因，因而他花了大力气论述心理作用的动静、藏虚、满一问题，是将心理活动形而上学化。他从性（天性、自然具有）中引出情感作为性的质、性的状态，欲则是情的表现。这样，就在性与外物之间产生了情，情是性对外物的状态，而性本身是天生、自然的，因而是恶的（这是心理学常见的观点，而哲学家则偏爱性善）。他对于本性和教习（伪）的分析也是精彩的。

荀子根据自然心理结构在外物作用下的变换定义了心理活动，其体系是杰出的，并且后来在中国很少有人能超过他。

总之，荀子的思想内容丰富多彩，对秦汉政治、学术等具有多方面的影响，李斯、韩非都曾是他的学生，后帮助秦王政统一了全国。

陆贾撰《新语》论治理天下

汉高祖十一年（前196）五月，陆贾撰写《新语》，论仁义之说，追求儒家的理想政治，同时辅以黄老"无为而治"思想。

陆贾，楚国人，汉初儒生，跟随刘邦平定天下，能言善辩，经常奉命出使诸侯。汉初，出使南越，以辩才说服南越王赵佗臣属汉朝，拜为太中大夫。他时常在汉高祖刘邦面前说《诗》、《书》。刘邦自以为自己是骑在马上得天下的，诗书无用，每加嘲笑谩骂。陆贾则认为骑在马上能够得天下，但不能骑在马上治理天下，主张"文武并用"是长久之术，推行仁义治国，效法古代圣贤。刘邦听后自惭形秽，于是命令陆贾著书论述秦朝之所以失天下、汉之所以得天下以及历代兴亡成败的原因。因此，为总结秦亡汉兴得失，陆贾先著书12篇上奏刘邦，每奏一篇，刘邦都认为好，左右皆呼万岁，认为陆贾所著是《新语》。《新语》是汉初第一部总结秦亡汉兴经验教训的著作，内容以仁义之说为本，发挥《论语》、《孝经》之义，阐明王道，抨击霸术，主张修身用贤，追求儒道结合的理想政治。

陆贾在《新语》中分析道：秦自孝公开始，主张法治，崇尚暴力，重视功利，蔑视伦理道德，奖励耕战，鼓吹集权，这是具有开创精神、富国强兵的理论和政策。从秦孝公到秦始皇，依靠这一条强硬路线，并吞六国，结束了中国长期分裂割据的局面，但秦王朝的只谈暴力，只讲功利，必然导致残暴统治、恐怖政治，自陷于灭亡。陆贾对这一历史经验教训的认识是十分深刻的，他认为应该把强力夺取与和平守成两种手段结合起来，所谓"文武并用，长久之术也"。

陆贾把儒家的仁义之道和道家的无为政治结合起来，指出秦实行的"唯刑主义"，再加之以骄奢繁役，使百姓不能生活下去，最后导致亡国。他主张较为宽厚的儒家政治，认为仁义道德是治国的要道，学习儒家思想的人开明，否则就昏庸，违背儒家思想就会亡国，特别是对于暴秦之后，历经战乱的广大百姓来说，更需要仁义道德的春风暖雨给予滋润和化育。陆贾也十分赞赏道家的无为政治，认为道的最高境界就是无为，少干预人民的事情，省刑薄税，不夺民时，用无为之道治理国家，国家就能得到治理。

陆贾同意道家柔弱胜刚强的思想，认为为政宜柔不宜刚，宜缓和不宜急促，宜温厚不宜刻薄，指出只有柔才可持久，缓和才可以常存，温厚才可以得众。他理想的政治境界是："块然若无事，寂然若无声，官府若无吏，亭落若无民。闾里不讼于巷，老幼不愁于庭。"（《新语·至德》）。这样，儒道两家思想在这里统一起来了。

从陆贾所揭示的历史教训中，汉初统治者认识到，在当时的条件下，只有轻徭薄赋慎刑，才能缓和农民的反抗，巩固自己的统治。这样就形成汉初"黄老无为"的政治思想。汉高祖以及文景时期的许多措施，正是这种无为思想的体现。同时，对于后来汉武帝独尊儒术，也起了先导的作用。

陆贾"马上得天下不能马上治天下"的治国理想影响尤为深远。特别是在中国古代皇权专制的层层压制下，能代替人民发出痛苦的呼吁，对于我们民族生命的延续，文化的发展，文明的积累有其不可磨灭的功绩。

荀子像。战国末年荀况是儒家礼乐派代表人物，他可谓儒家学说的集大成者。

汉代“气”的思想定型

气的运行从另一个途径丰富了战国“易”的思想，气作为本体，特别是运动、变易的本体可以规范和具体化“易”，但似乎这是使问题更复杂而又没有取得真正的进展。

元气的最早提出可能是管子（他称之为精气，万物都具有的一种东西，但我们可以认为他讲的是物理构成），孟子也有所谓气（但多半指的是人的精神），但是在战国人那里，气已不是简单的物理和生物气，而是一个范式。

可以把五行、阴阳乃至原子（在墨子和惠施那里有逻辑的原子概念，但没有足够的证据说他们认为世界是由原子构成的）看作组合范式的具体形式，看作战国文明用组合结构规范对象，那么气就是变换的范畴，气指的是万物之间的变化的方式，气的运动、聚散、流布就构成一切具体事物（包括本原），而它们是可以用组合（如五行、六十四卦）来规范的。此时气与五行是并列的范式。

在西汉，气上升为本体，也就是主导范式的绝对化，气被孤立出来成为对象，并被用变化、生成的方式研究，就构成了绝对的性质。这时组合范式(卦、五行、阴阳)不再是与它并列的图式。

孔壁遗书出土

汉景帝后三年（前141），曲阜孔壁遗书出土。

汉景帝子刘馀被封为鲁王，设都曲阜（今属山东），鲁王喜欢建造宫室，由于鲁王府与孔子故居紧紧相连，景帝后三年（前141），鲁王又计划拆毁孔子旧宅以扩建王宫，由于听到宅中有钟磬琴瑟之声，因此中止拆毁工作。但已毁坏部分宅室，并在孔子旧宅的夹墙中发现了一批经传，据判断是秦始皇下焚书令后孔子后人隐藏之物。这批经传用所谓蝌蚪文也即战国时古文字抄写，后人称为孔壁古文经传。据《汉书·刘歆传》和《艺文志》等记载，孔壁所存经传包括《尚书》16篇、《逸礼》39篇，以及《论语》、《孝经》等。字句篇章与今文学派所传有些不同。这些经传后来归孔子后裔安国所有。孔安国以今文识读《尚书》，开创古文《尚书》学派的先河。

黄老之学昌盛

汉朝初期，与统治集团的"休养生息"政策相结合，黄老之学日渐昌盛。

黄老之学是战国时期的早期道学发展的新阶段，它继承了早期道学的理论，并有所改造和发展。作为道学发展的一个新流派，黄老之学形成于战国末期，兴盛于西汉初期，到汉武帝"罢黜百家，独尊儒术"之后，由盛而衰。所谓"黄老之学"从字面上理解，就是黄帝与老子的学说。但它不是黄帝学说和老子学说的简单拼凑，而是秦汉之际的新道学家假托黄帝立言，改造老子学说，并综合吸收了先秦各家学说重要内容的一种理论体系。

汉初黄老"无为"思想的主要代表是陆贾、盖公，主张"贵清静而民自定"，使统治者少生事少扰民，以利人民休养生息。汉武帝初年，思想家司马谈的《论六家要旨》，则从理论上指出汉初道家黄老之学思想特征，体现这种思想在继承战国末期诸子学说的趋势下发展，从而带有综合诸子思想的色彩。湖南长沙马王堆汉墓出土的《黄老帛书》、《经法》、《十六经》、《称》、《道原》，则是汉初黄老后学的代表作。汉景帝时，淮南王刘安主持编著的《淮南子》，是继承综合诸子思想，并在道家思想为主导思潮影响下出现的学术成果。

据考证，湖南长沙马王堆汉墓出土的帛书是汉初流行的《黄帝书》重要部分，作为汉初黄老后学的代表作，它包含两方面主要哲学思想：天道思想和辩证法思想。汉初黄老后学把"道"作为最高范畴，看作万物本原，又将"道"称为"一"，即客观存在的宇宙万物的总规律，在帛书中黄老后学也吸取了当时的科学成就来说明"道"的客观必然性，《十六经·本伐》中说："道之行也，繇（由）不得已"，强调自然规律对万物起支配作用，不依人的意志为转移。"道"也被黄老后学看成治世的总原则，提出天、人、地三道参合而治，再进而提出"执道"、"循理"、"审时"、"守度"的处事与治世方法。

在《黄老帛书》中最突出的朴素辩证法是阐述阴阳对立转化的矛盾学说，《称》中说"凡论必以阴阳明大义"，即宇宙万物普遍存在"阴""阳"对立。认为矛盾对立的双方中必有主要方面，而由于事物的阴阳矛盾对立双方相互作用，从而使事物运动变化新陈代谢。《十六经·战争》中指出"谋相倾覆"是"天制固然"，即强调矛盾双方斗争的必然与必要，而在肯定矛盾事物会向相反方面转化，强调事物由弱而强的变化后，提出以柔克刚的斗争策略以及"知其雄，守其雌"的原则，深化了老子"柔弱胜刚强"的思想。

在政治上，黄老之学综合名法，道法结合，提出"道生法"，主张恩威并施以利于巩固政权，而它的"清静无为"切合汉初恢复经济的需要，受到统治者重视，成为指导思想，从汉高祖起，至武帝初年60余年间，统治者大多信奉黄老之学，主张"无为"的"有为"。汉初名相曹参，他的后继者陈平都提倡黄老之学，文、景二帝以及参予这两朝朝政的窦太后都是"黄老之术"的尊崇者，足见黄老之学影响巨大。

黄老之学改造了《老子》的道，把它看成客观存在的万物总规律，又指出社会生活中也有客观规律。主张以法治国，赏罚必信，循名责实，也主张用战争来完成国家统一，和"省苛事，薄赋敛，毋夺民时"。

鲁壁。秦始皇焚书坑儒时，孔子九代孙孔鲋将《论语》等儒家经册藏在一堵墙壁中，直到汉代这批所谓"鲁壁藏书"方被发现。

马王堆出土竹简

　　道家重视成败存亡的历史经验，主张清虚自守，卑弱自恃，所以它适应
农民战争后的政治形势，适合恢复生产、稳定封建秩序的需要。所以，在汉
初统治者的提倡下，黄老之学盛极一时。武帝建元六年（前135）窦太后死，
武帝与丞相田蚡渐渐罢黜黄老之言，延揽儒学者加以重用。由此，黄老之学
才盛极而衰。武帝时"罢黜百家，独尊儒术"开创了中国历史发展的一个新
阶段。

《大戴礼记》编成

《大戴礼记》，是一部有关中国古代礼制的文章汇编，与《礼记》大体同时编成。西汉戴德编。

戴德，字延君，西汉时梁人，曾与沛名人通汉、庆普、戴圣等一同师从后仓研习礼学。当时人们称戴德为大戴、戴圣为小戴。汉宣帝时，以博士为信都王太傅，并以徐良为师接受了徐氏的学术思想。

相传戴德从当时所存的战国以来的孔门弟子及后学说礼的文章131篇中捡得130篇，加上日后所得的《明堂阴阳记》33篇、《孔子三朝记》七篇、《王氏史记》21篇、《乐记》23篇，共214篇，将重复和繁难的文字删除合编为《大戴礼记》85篇。由于东汉末郑玄为戴圣所编《小戴礼记》作注，使《小戴礼记》成为独占"礼记"之名的"三礼"之一，《大戴礼记》被认为不符合圣人的思想而没有得到广泛学习和传播。北周时卢辩才为它作注，至唐代已亡佚47篇，而《夏小正》一篇有许多单行本流传，实际残缺46篇，仅存39篇。宋淳熙刊本复收《夏小正》，并从《盛德》分出《明堂》1篇，共40篇，编为13卷传世。

《老子》帛书

　　《大戴礼记》所收编有与《礼记》大致相同的5篇:《哀公问》、《投壶》、《礼察》、《曾子大孝》、《本命》；有《礼记》所没有的古代仪礼，如《诸侯迁庙》、《衅庙》、《朝事》、《投壶》、《公符》等5篇；从《荀子》辑录的有3篇:《哀公问》、《劝学》、《礼三本》等。此外还从《孔子三朝记》、《曾子》、《贾子新书》等辑收不少，该书既有先秦的文献，也有不少篇是汉代所作，因此书中保存了不少有价值的文献，如《夏小正》是战国时关于天象物候的科学资料。《五帝德》、《帝系》是东周所传古史系统，司马迁撰写《五帝本纪》和《三代世表》就以此为依据。

《公羊传》立于官学

《公羊传》亦称《春秋公羊传》或《公羊春秋》,儒家经典之一,与《左传》《谷梁传》同为阐释《春秋》的三传之一。旧题战国时公羊高撰。初仅口说流传,西汉初才成书。据说是景帝时(前157～前141)由公羊寿和胡母生整理编著而成。景帝时得立于官学。其大师胡母生、董仲舒等任博士,专门从事研习、讲授之业。至武帝时(前140～前87)因贫苦儒生公孙弘通晓此书得官至丞相,其后习者甚众,逐渐成了汉代显学。

《公羊传》议事起于鲁隐公元年(前722),终于鲁哀公十四年(前481)。属"今文经",并为"今文经学"主要经典。全书正文27000多字,其中有37年无传,可能已有残缺。

《公羊传》采用问答体解说《春秋》所记史事,其重点在从政治的角度阐释《春秋》"大义",并视之为孔子政治理想的体现,作为指导后世帝王行事的准则,而史事记载较简略。由于其借议论史事来发挥自己的政治见解与主张,故而历代今文经学家时常用它作为议论政治的工具。

《公羊传》是研究战国、秦、汉间儒家思想的重要资料。后有东汉何休《春秋公羊解诂》、唐徐彦《公羊传疏》、清陈立《公羊义疏》等。

《公羊传》砖拓本。《公羊传》亦称《春秋公羊传》,是儒家的经典之一。旧题战国时公羊高撰,最初口述流传,汉初才写成书。它是今文经学的重要典籍,为研究战国秦汉时期儒家思想的重要资料。此砖草书带有隶意,不但说明东汉时期今文经学的普遍流传,同时也是当时书法艺术的杰作。

淮南王门客编《淮南子》

顺应汉初以黄老之学为主体、兼容诸子百家之学的学术趋向，约于汉景帝时，淮南王刘安主持编著了《淮南子》一书，亦称《淮南鸿烈》。参与编著的宾客中著名的有苏非、李尚、伍被等人。此书据《汉书·艺文志》载，卷帙甚多，但留传下来的只有《内篇》21篇。

《淮南子》虽是刘安及其宾客合作编著，但由于刘安"为人好书"、"善为文辞"，其中必有他亲自著述之文，该书也基本能反映他本人的思想。在综合百家方面，《淮南子》与《吕氏春秋》一脉相承。所不同的是，它更多地吸取了《老子》、《庄子》，特别是《黄老帛书》的思想资料，成为集黄老之学大成的理论著作。侯外庐指出，《淮南子》企图以道家"总统百家"，并且以这种"总统百家"的道家自居，这正点出了《淮南子》与《吕氏春秋》的不同。它对道、天人、形神等问题提出了新的见解，还在继承春秋时的"气"说和战国中期稷下黄老之学的宋钘、尹文学派的"精气"说的基础上，提出了"元气论"的概念和系统的宇宙生成论。

《淮南子》与《论六家要旨》一样，在诸多方面，发展了先秦道家。"夫作为书论者，所以纪纲道德，经纬人事，上考之天，下揆之地，中通诸理。……故言道而不言事，则无以与世浮沉；言事而不言道，则无以与化游息。"不仅言道"与化游息"，而且还要言事，"与世浮沉"，这就与老庄有所区别。"纪纲道德，经纬人事"的积极人生态度，是黄老之学"新道家"区别于先秦道家的基本点。据此，《淮南子》对先秦道家的"无为"也作了新的阐释和发挥，强调遵循客观规律，因时而动，建功立业，并批评了守株待兔式的消极"无为论"。《淮南子》将积极的"无为"思想贯彻到现实政治之中，总结秦之教训，批判法家专制主义"悖拔其根，芜弃其本"，"背道德之本"，主张"上无苛令，官无烦治"，"仁义者治之本也"，提出"因民之性而治天下"

的统治政策。显而易见，这正是汉初六七十年间清静宁一的时代政治与社会风尚的理论概括。

《淮南子》出现于西汉封建统治阶级羽翼日渐丰满，力量逐渐强大，时代精神正由休养生息重新返回积极有为的转折时期。尽管它本身包含着"变相的有为论"，但仍不受怀有雄才大略的汉武帝的欣赏，遭到了当权派的冷遇。刘安及其同党最后以"谋反"罪遭诛灭，恰是黄老之学由兴盛而衰败的形象表现。

窦太后贬抑儒臣

建安二年（前139），窦太后指使汉武帝推崇黄老之言，贬抑儒臣；一些朝廷要员因信奉儒术相继被免职、下狱，甚至被诛杀。

窦氏即汉文帝皇后，武帝即位后遂为太皇太后。窦后好黄老之言。武帝即位后想隆推儒术，皆因窦后反对而作罢。朝臣赵绾和王臧因此上奏，请武帝亲自治理天下，勿让妇女干预朝政。窦后闻知此事，极为生气，认为他们不学无术，藐视孝道，挑拨离间，要求武帝惩罚他们。武帝无可奈何，遂革去赵绾御史大夫职、王臧郎中令职，并打入监狱。窦后还不罢休，要求武帝判他们死刑。于是赵、王均在狱中含冤自杀。同时，崇儒的丞相窦婴、太尉田蚡也被免职。申公等人则称病辞官归乡。

汉武帝独尊儒术

建元五年 (前 136), 汉武帝刘彻采纳了董仲舒的建议, 独尊儒术。

董仲舒建议变儒家哲学为封建最高政治原理, 使之成为衡量文化思想的唯一尺度。他的建议为汉武帝所采纳。从此, 儒术从私家学者的书斋走进了太学, 太学设五经博士, 儒学由一般学说而被尊为经, 即: 《诗》、《书》、《易》、《礼》、《春秋》五种。在太学里, 不同师承的儒家学派, 都设一讲座, 名曰学官。

儒家学说自从得到政府倡导以后, 获得广泛的传播, 两汉 400 余年, 经学火师接踵辈出, 疏证训诂, 极一时之盛, 如: 董仲舒、公孙弘、孔安国、刘向、刘歆、许慎、郑玄等。同时, 生动的实践的儒学也逐渐变成繁琐死板的经学。一些学子为了官禄, 只得寻章摘句, 以备射策之用, 还有很多皓首穷经者。

《尚书》夏侯学传世

夏侯始昌，鲁（今山东曲阜）人，通五经，对《尚书》、《齐诗》有专门研究，在汉武帝时就很知名，曾任过昌邑王太傅。始昌的族子夏侯胜，得到始昌的悉心传授，后又师从倪宽弟子简卿学习《尚书》欧阳学，为学精益求精，不固守一师之说。夏侯胜在昭帝时历任博士、光禄大夫，曾参与废黜昌邑王事件，后迁升为长信少府。宣帝初年，因为非议武帝，夏侯胜与丞相长史黄霸一起下狱，在狱中他给黄霸传授《尚书》。后遇赦出狱，任谏大夫。他为人质朴正直，得到宣帝信任，迁升为太子太傅，受诏撰写《尚书说》、《论语说》。后世把夏侯始昌称为大夏侯，夏侯胜称为小夏侯，把他们创立的今文尚书学称为"《尚书》夏侯学"。《尚书》夏侯学与欧阳学同为伏胜别派，以阴阳灾异推论时政得失。

经济思想家贡禹去世

初元五年（前44）十二月，经济思想家贡禹去世。贡禹，生于公元前124年，字少翁，琅邪（今山东诸城）人。以明经德行征为博士，历任凉州刺史、河南令。元帝时，征为谏大夫，初元五年为御史大夫。

贡禹曾多次上疏元帝，为解决"年岁不登、郡国多困"的局面，奏请减损乘舆服御器物。还数言得失，要求元帝选贤能，诛奸臣，罢倡乐，修节俭，注意减轻赋役。许多建议得到元帝接纳。贡禹在土地、赋税、货币等问题上均提出自己的见解，主张抑制兼并，崇本抑末；减轻赋税；废弃货币，代以谷帛。他是第一位主张废除货币，使民众专心务农的人。

《太平青领书》出现

建康元年（144），《太平青领书》被呈献于朝廷，汉代道教的发展由此可见其盛。

东汉是道教形成和发展的重要时期。道教早期经典《太平青领书》大约形成于东汉末，由术士于吉编定成书，共4部170卷，用白绢抄写，朱书标目。为增加神秘色彩，伪托是在曲阳（今河北曲阳）泉上得之于神人的传授。该书内容荒诞不经，多是阴阳五行、神鬼玄术。《太平青领书》对于民间传播道教有很大影响。它是流传至今最早的道教经典。后来道教也是沿着书中所谓道术发展下去。其提出的"太平"思想，引起乱世中农民的共鸣，甚至影响到以后的"太平道"、"太平军"、"太平天国"等农民起义。

《太平经》流传

　　《太平经》是著名的道教经典，关于它的形成，历史上有三种说法：一说是汉成帝时齐人甘忠可诈作《天官历》、《包元太平经》十二卷；一说是张陵《太平洞极经》144卷；还有一说是汉顺帝时琅玡人宫崇上其师于吉于曲阳泉水上所得神书170卷。现在《正统道藏》里收的《太平经》包括3部分：《太平经》原书170卷中残存的57卷，大约成书在东汉中晚期；《太平经钞》10部，每部一卷；《太平经圣君秘旨》共7页。

　　《太平经》是最早的流传到今天的道教经典。通常将汉顺帝时琅玡宫崇所上其师于吉写的《太平清领书》作为《太平经》演变的来源。《太平经》是道教的原始经典，因为初期的道教并无系统教义，而《太平经》的出现使这一状况改变。《太平经》糅合了巫觋杂语，阴阳五行思想，某些佛教义理和谶纬。

　　东汉中叶以后，由于封建王朝统治者一贯的横征暴敛，再加上水旱灾害不断，疫病四处漫延，人民痛苦万状，巨鹿人（今河北宁晋）张角顺应时势，奉《太平经》为其主要经典，创立太平道。宣传《太平经》的道教神学与道术，反对剥削敛财，反对《太平经》中"积财亿万，不肯救穷周急，使人饥寒而死，罪不除也"，并用跪拜首过、符水咒语的方式为人治病，使百姓信服。太平道创始人及主要领导人的名号都是根据《太平经》思想而来。

　　《太平经》书中大力反对剥削和以强凌弱，宣扬救穷赈急和自力更生，还提出"天下太平"的社会理想，所描述的太平世界公正和谐，自然界与人类社会各得其所。这种改良思想尤其是"太平"的理想引起当时人们强烈的共鸣，影响波及"太平道"、"太平军"以及"太平天国"。

　　但《太平经》毕竟是道教理论的起始，它不仅承袭老子思想，也受当时神仙方术和图谶的影响，更受西汉今文《易》学京氏学的影响。《太平经》

提出了两个神学系统，一个是天地阴阳系统，认为天意体现在阴阳五行；另一个是神仙系统，分作六等。经书认为二者平行且对应。《太平经》神化了老子，推为后圣、九玄帝君的至尊天神，宣扬精、气、神三者合一的长生不死神仙思想以及天、地、人三者合一的治国济世思想。经书采用道家、阴阳五行家言语，宣讲对神仙的景仰，并论及天地、灾异、五行、瑞应、巫术、医学、养生、政治思想和伦理道德，也涉及一些当时社会情况。

总之，《太平经》影响道教深远，后来的道教就顺着它内部炼养长生、外部兴国济世的路发展，它对当时张角传播太平道组织农民起义有着启发和帮助，也影响五斗米道。并为后世的道教研究史、中医史、农民战争史提供了研究资料。

何休注《公羊传》

汉光和五年（182），何休去世，享年 53 岁。

何休（129～182），任城樊县（今山东济南东北）人。曾应太傅陈蕃所请，参与政事。及陈蕃谋诛宦官事败，遭禁锢。党禁被解后，历任议郎、谏议大夫。他是东汉今文经学大师，撰《春秋公羊解诂》，历时十七年，为《公羊传》制定义例，阐述《春秋》微言大义，成为今文经学家议政的主要依据。郑玄曾与何休互相驳难，他们之间的争论，成为今古文经学论争的重要回合。

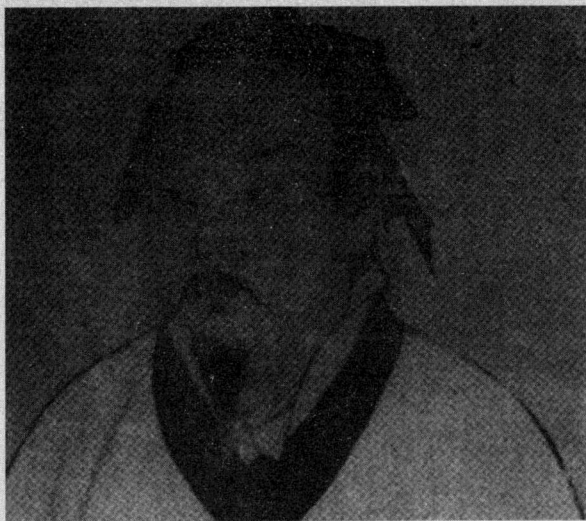

何休像

名法思想兴起

东汉末年，谶纬神学思想逐渐衰落，儒家神学的独尊地位彻底丧失，其作为维系社会和人心的功能已不复存在，为世家大族所垄断的人才察举制度，引起了各阶层人们的极度不满。一些士大夫从被汉武帝罢黜的先秦诸子学说中，寻出了名家和法家的思想学说。名法思想随之兴起。

名家和法家之所以能复兴，乃是因为名家考核名实，知人善任，法家讲求"循名责实"，即如何发现人才和使用人才，从而将封建法治紧密联系起来，正适应了曹魏政权抑制豪强和大力选拔寒门庶族人才以巩固其在北方建立的统治的需要，曹操提出的"唯才是举"的人才选拔标准，名家和法家的复兴与此如出一脉。

曹魏政权是通过统一北方并与豪门世族的分裂割据势力斗争而建立起来的，为了打击这些豪强势力，曹操推行了一些进步的政治措施，他主张法治，抑制和打击地方豪强和世族官僚，并根据法家"信赏必罚"，选贤任能的原则整顿吏治，以唯才是举作为选拔和考核官吏的标准，彻底打破了儒家名教观念和豪门世族垄断政治的局面，经他三次"求贤"，凡是有治国统兵才能的人，不拘门第高低贵贱，一律委以重任，而且继承了法家商鞅的耕战思想，他奖励耕战，推行屯田制，较好地解决了粮饷问题，这一系列措施都是先秦法家思想的承袭。曹操的军事思想，也多源自先秦法家和兵家。他以法治军，赏罚分明，且制度健全，坚持朴素唯物主义和辩证法思想，充分重视和发挥人的主观能动作用和客观条件的作用，决不迷信，在对敌我双方形势客观判断的前提下，因势利导，把握胜利的契机，创造了"官渡之战"这样以少胜多的著名战例。然而曹操对先秦法家并非刻板继承，在"刑"和"礼"的关系上，他能根据所处的形势而各有侧重，根据斗争的需要来确定先后秩序。在所谓拨乱反正时期以刑为先，而在治定之世则应以礼为主，软硬兼施，交相使用，才能维护统治者的利益。

诸葛亮也是位杰出的政治家、军事家，在军事上和治理内政方面采取的措施与曹操极为相似，也奉行法治。这些治国治军的方略，在汉末魏初的动乱年代确实起到了维系社会和人心的重要作用，同时又为魏晋玄学思潮的兴起，以及品藻人物的清谈之风提供了某些思想准备。

汉云南少数民族服装鎏金获俘扣饰

虞翻治《易》

虞翻（164～233），字仲翔，会稽余姚（今属浙江）人。最初在太守王朗手下担任功曹，后来跟随孙策，任富春（今浙江富阳）长。孙权继位后，他先为骑都尉，因数次犯颜直谏，加之他的性格不合流俗，因而多次遭人诽谤，后被贬谪到丹阳泾县（今安徽泾县）。被吕蒙请出后，又多次触怒孙权，最终被流放交州，并死在这里。

虞翻是三国时期的著名学者，家里传有西汉今文孟喜《易》学，为当时治《易》的名家，宣称"经之大者，莫过于《易》"，批评东汉郑玄所注五经明显违背原义的有160多处。虞翻不信神仙，且懂医术。他治《易》时，善于将八卦与天干、五行、方位相配合，以推论象数，占卜吉凶。他撰写的《易注》流传至今，是今人治《易》的重要历史资料。

魏青龙三年（235）范式碑。《范式碑》为三国时著名碑刻。书法遒劲浑厚，撇笔丰肥圆钝，捺笔短重粗壮，较汉隶有所变化，为许多书法家激赏。

儒将杜预去世

西晋太康五年（284）闰十二月，杜预去世。

杜预（222～284），字元凯，京兆杜陵（今陕西西安东南）人。祖父是三国魏尚书仆射杜畿，父亲为魏刺史杜恕。杜预出身于豪门世家，后来又娶司马昭的妹妹高陆公主为妻，官拜尚书郎。杜预对军事、政治、天文、地理等，都有极高的造诣，是西晋时期著名的将领和学者。曾修改历法，注解《晋律》。

杜预任度支尚书其间，提出 50 多条措施均为采纳而成绩卓著。咸宁四年（278）七月，司、冀、兖、豫、荆、扬等 6 郡大水，又发生虫害，灾情严重。度支尚书杜预上疏，提出救灾方略：（1）决陂放水，（2）赊牛春耕。由于他提出的策略，既着眼于当时的饥荒，更有利于来年的恢复生产，积极可行，被晋武帝所采纳。黄河的孟津渡口，多少年来，一直是波涛汹涌，水流湍急，黄河两岸的船只常在这里发生船翻人亡的悲剧，阻碍了两岸经济的发展。历代的统治者都想在此建桥，而因种种原因失败。杜预经过精心计算，用古代联舟为浮桥的办法，终于建成了孟津桥。杜预还用齿轮相互推动的原理，建造连磨，可以用 1 头牛牵拉 9 磨；又在水车转动中同时使用几个舂米的机具，人们把它叫做"机碓"。杜预的这些发现，大大地促进了生产的发展。当时的人们，也因为他的博学多能，如同武库中无所不有，而送他以"杜武库"的美称。

"杜武库"是一名儒将。晋咸宁四年（278）继羊祜任镇南大将军，都督荆州诸军事。咸宁六年（280），率兵攻打吴国，下江陵，克吴荆州。进封当阳县侯。出镇襄阳，为平吴之功臣。杜预多次上书欲辞都督荆州之职，司马炎都不肯批准。杜预博学多识，尤其精通《左传》，自称有"左传癖"。撰有《春秋左氏经传集解》三十卷、《盟会图》、《春秋长历》及《女记赞》等著作。杜预在荆州任职期间，兴修水利，开杨口，起夏水达巴陵千余里，内泄长江之险，外面通零、桂漕运，促进交通运输。练兵讲武，兴办学校。还重修邵信臣遗迹，灌溉田地万多顷，荆州百姓深受杜预采取的措施的好处，时人尊称杜预为"杜父"。荆州还到处有歌谣称颂杜预说："后世无叛由杜翁，孰识智名与勇功。"

向秀、郭象注《庄子》

魏晋玄学是糅合儒、道而形成的一种唯心主义思想体系,在探讨世界本原、名教与自然等哲学问题时,把《老子》、《庄子》和《周易》视为基本思想资料,因而大加阐发,其中注《庄子》者不下数十家,而向秀、郭象注本最具影响力,并将玄学理论推向了高峰。

向秀(约227~272),字子期,河内怀(今河南武陟)人,为竹林七贤之一。他早年淡泊仕途,有隐居之志,后被迫出仕,但无意于此,仅以此作为存身之计。

向秀的主要著作为《庄子注》,被时人所称赏,但全本已佚,仅有少量佚文保存于张湛《刘子注》、陶弘景《养生延命录》、陆德明《经典释文》、李善《文选注》等著作中,从中可以窥见其主要思想。其中合"自然"与"名教"为一,更强调"自然"应合于"名教"的主旨,对郭象有直接影响。

郭象(约252~312),字子玄,河南人,《庄子注》是他流传下来的重要著作。

自南北朝开始,学术界对题名郭象著的《庄子注》的归属就存在分歧,南朝刘义庆《世说新语·文学篇》认为,最初有数十家《庄子》注本,但都不得旨要,向秀的注本于旧注外解析义理,奇妙精致,大畅玄风,《秋水》、《至乐》二篇没有完成就去世了,其子幼小,而使得文本零落散失,有一注本为郭象所得,郭象颖慧多才,但品行不佳,窃向秀的注本为己出,自注《秋水》、《至乐》两篇,更换《马蹄》一篇,整理了全书各篇的文句,后来又有其他向秀注本被发现,与之并行,所以向秀、郭象二人的《庄子注》思想是一致的。《晋书·郭象传》也持同样说法。

但梁刘孝标《世说新语注》引东晋张隐《文士传》却认为郭象注本最有"清辞遒旨",有其独特的思想。《晋书·向秀传》认为郭象在继承向秀的基础上,又加以阐发，是"述而广之"之作。因而较可信的结论应该是，郭象注本是汲取向秀的思想，总结了前人《庄子》注的成果，对向秀注加以阐发和弘扬，又具有自己的独到之处的集大成之作。

《庄子注》版本很多，而1961年中华书局出版的郭庆藩《庄子集释》校点本比较完善和通行。

《庄子注》代表了魏晋玄学发展的一个重要阶段，是早期玄学贵无论理论和"越名教而任自然"的名士风气遭到裴頠等人崇有论的批评，驳难后出现的，企图调合有与无、名教与自然的对立，而创"独化"论，适应了门阀贵族的政治需求，同时，是对《庄子》思想的一次重大改造和发展，因而影响深远。

寇谦之起天师道场·弘扬道教

北魏泰常八年（423），魏道士寇谦之起天师道场。

寇谦之，字辅贞，原籍上谷，后居冯翊万年。其家世代信奉天师道，因而谦之从小就修习张鲁之术，服食饵药，如此多年，却无效果，便转而研习西方天算医药之学，始通养生延年之道，于是决心改革天师道，提出"清整道教，除去三张（张修、张衡、张鲁）伪法"的口号。他革除原天师道中收租米的旧规，取消房中术，提倡服气导引修炼之术。同时他模仿佛教的戒律轨仪，制定了一套道教的戒律，使道众行为受到约束。寇谦之的这些改革净化、规范了天师道，从而有利于获得更多的徒众。

北魏太武帝拓跋焘就是这样一个笃信道教的人，他的大臣崔浩也是一个道教信徒。魏始光元年（424）正月，寇谦之便来到魏都平城，自称有老子玄孙李谱文授予的《箓图真经》和劾召鬼神的法术，并受神嘱前来辅佐北方的"太平真君"，为此，作为"太平真君"的魏帝应该弘扬道教。拓跋焘和崔浩都深信其说，遂隆重迎接寇谦之及其弟子到平城，封寇为道教天师，并听从寇谦之的建议在平城东南起天师道场，内筑5层重坛，又诏令天下信奉寇谦之的天师道。太平真君元年（440），拓跋焘改元"太平真君"，以应天命。自此，道教在北魏盛行开来，并受到北魏各代皇帝的崇奉。

禅定图局部，菩萨、飞天、供养人。炳灵寺石窟时期作品。

齐废道教

东魏武定六年（548）七月，东魏大将军高澄入朝邺都，曾经因为道士伪滥，于是废弃南效道坛，北齐建国，梁朝道士陆修静投奔北齐，来到北齐后，他看到当地佛教非常发达，全境僧尼加起来有近200万人，与此相反的是道教的冷落和被漠视，道教和道士与佛教和僧尼相比颇为逊色。陆修静上章高洋（文宣帝），请求废除佛教，555年八月，高洋召集佛、道两教代表人物到邺宫论难，当时的帝王将相都倾向崇奉佛教，于是高洋下令废除道教，道士皆剃发为沙门，道士不听从，于是杀4人，最后奉命剃发，从此，北齐境内无道士。

北朝道教符

《笑道论》抨击道藏

北周天和五年（570），甄鸾撰写《笑道论》，猛烈抨击道藏经典，对后世产生了很大影响。

北周甄鸾，官至汉中太守、司隶校尉。他学识精湛，尤其精于天算和考证之学，曾参加造《天和历》。他撰写和注释的著作多达数十种，基本上都属于天文和数学方面的著作。

由于擅天算，重考证，所以甄鸾对缺乏事实依据、不证不实之言论颇为不齿。天和五年，他撰写了《笑道论》，对道藏经典中伪造不实之处进行抨击。如指出《道德经》序所举老子时的年号"上皇"、"无极"等十分荒谬，因为老子时不可能有年号，建年号始于西汉武帝；又指出"老子化胡经"中所称东汉明帝"遣张骞等"往西域写经更是常识性错误，张骞是西汉武帝时人，决不可能活到东汉明帝时等等。总之，列出了道藏经典中许多明显和史实不符或相悖的地方，有很强的说服力。

后来，道士张宾、焦子顺、马翼、李运等人造经，"但是甄鸾笑道处，尽改除之"，可见《笑道论》言之有理，深入人心。

道教流派出现

魏晋南北朝是中国道教的成熟和定型期，作为其特征，这一时期道教的主要流派形成，而且出现了大量的理论著作。从而使中国道教走上了独立发展的轨道。

道教的三大主要流派形成于这一时期，并各自建立了独具特色的理论体系。

东汉末年活跃于汉中地区的五斗米道势力很大，曹操收编张鲁以后，为对其加以限制，将汉中数万户居民迁到长安及三辅，使其势力一度因分散而回落，但也得到了一次向全国传播的机会。两晋时期受到世族的崇奉，身价倍增，由于其组织松散，引起了许多复杂的社会问题，并导致了陈瑞天师道起义、流民起义等，对社会震动很大，直接冲击了东晋政权。在这种背景下，北魏寇谦之开展了"清整道教"的宗教改革活动，他在北魏道武帝和重臣崔浩的支持下，从神瑞二年（415）开始，借助政权的力量整顿了道教组织，历经二十多年，形成了"北天师教"或"新天师教"，北方道教组织进一步完善。寇谦之的道教理论著作80余卷，包括《老君音诵戒经》等，崇奉太上老君，摒弃了可被农民起义所利用的教义和制度，主张臣忠子孝、夫信妇贞、兄敬弟顺、安贫乐贱等伦理纲常，而且引入一些佛教理论，宣扬轮回，模仿佛教的某些仪式，其维护伦理名教的态度十分鲜明。泰始元年（465），南朝宗著名道士陆修静受到明帝礼遇，为其在建康北郊天印山筑崇壶馆，他着手对南朝天师道加以改造，搜集、整理经籍达1128卷，并撰写《三洞经书目录》，这是我国最早的道教经书总目，其理论要点是主张斋戒，为此制定的斋戒科仪达百余卷。经其整顿的天师道称"南天师道"。

在天师道改革的同时，杨羲、许谧等人创立了上清派。葛洪的玄孙葛巢甫创立了灵宝派，上清派奉元始天王为最高神，强调个人修炼，特别是存神服气，辅以诵经修功德，贬斥房中术，对天师道特重的符箓斋醮很轻视，有上清经50卷，是其早期经典。灵宝派的经典是葛巢甫在《抱朴子·内篇》的基础上创造的，为了自神其说，融入了一些神话传说，刘宋时著名道士陆修静整理编定，又增加了斋醮科仪100卷，他们把上清派的元始天王称为元始天尊，天师道的太上老君降到第三位，中间加入太上大道君，被后代道教推尊为"三清"，除存神诵经、修功德外，特别重视斋醮科仪和集体修道、轻外丹和房中术。

除天师、上清、灵宝三派外，陕西有楼观派，演变成元代的全真教，强调道教为中国宗教的正统地位，魏晋和南北朝时期楼观派的著名道士有王浮、严达、王延等。

这一时期，道教理论成熟，东晋葛洪《抱朴子》构造了比较完整的理论体系，上清派《黄庭经》代表了内炼术在当时的最高水平，奠定了内丹派的发展方向，陆修静《三洞经目录》记到了1090卷，可见其著作繁荣之大貌，道教主要流派的出现和理论著作的繁荣使道教发展进入成熟期。推动了整个民族理论思维和文化水平的进步。

南齐王志《一日无申帖》

道教捏造老子化胡

佛教传入中国之初，一度被视为黄老神仙术的一种，佛教也自附于黄帝、老子，以图与中国传统信仰相结合，得以传播。"老子入夷狄为浮屠"之说起于东汉后期，借化胡成佛之说宣传佛道同源论或老子转生论。汉末三国时，化胡说广泛流行，一时间社会舆论纷纷不断。当时佛教在中国已有一定影响，佛教理论著作《牟子理惑论》中开始出现了反对化胡说，甚至认为道不如佛，于是中国历史上开始出现佛道之争。

两晋南北朝时期，佛道二教都有了很大发展。晋惠帝时，天师道祭酒王浮在与僧人帛远争论的过程中，为抬高道教，贬抑佛教，根据东汉以来种种老子化胡传说，造《老子化胡传》，谓老子西出阳关，经西域至天竺，化身为佛，教化胡人，因此产生佛教。南北朝时，道教徒均据此与佛教互相争长短，南朝宋泰始三年（467）道士顾欢作《夷夏论》，认为佛教是夷狄之教传入中夏，此说影响极大。为此，僧绍作《正二教论》，谢镇作《与顾道士析夷夏论》，朱昭作《难顾道士夷夏论》、慧通作《驳顾道士夷夏论》等，展开了所谓"夷夏之争"，影响所及，上至朝臣奏民，下至世俗论者，皆时有论争。北魏孝明帝时，昙无最还曾与道士姜斌在殿庭中辩论《老子化胡经》真伪，最后姜斌被崇信佛法的孝明帝发配马邑。

隋唐时，化胡之争仍在进行。元代佛道争论迭起，化胡之说成为争论重点，宪宗、世祖二朝，僧道多次辩论《老子化胡经》真伪，世祖至元十八年（1281），诏令除《道德经》外，其余道书尽行烧毁，《老子化胡经》首在焚毁之列，由此亡佚。

成玄英注《庄子》

　　唐初道学家成玄英，推崇老庄之学，致力于道教学术的研究。他吸收佛学思想，注重轻修，并著书立说，传布道教理论。他注《老子道德经》2卷、《庄子》30卷、《疏》12卷、《开题序决义疏》7卷。其中《庄子》注疏对后世影响巨大，对道教理论的发展作出了重大贡献。

　　成玄英以道学宗教观点注释《老子》、《庄子》，重点阐释了所谓"重玄之道"。他认为道是虚无，即是"非有"，然而道生万物，又是"非无"，所以道是"非有非无，而无而有"。天地万物虽然是"有"，但以道为本体，"应道有法而生"，所以也就是"无"。因此得道之人即不执著于"有"或"无"。这即是"遗之又遗"、"玄之又玄"的"重玄之道"。这是引佛入道，用佛教"双遗法"来论证客观世界的虚幻不实，以说明"道"与"万物"，"有"与"无"的关系。他又进一步概括说："至道深玄，不可涯量，非无非有，不断不常"，"万象森罗，悉皆虚幻，故标此有，明即以有体空"，将道说成是一个至虚至无，超越时空，至高无上，永恒存在的绝对本体。他既反对把天地万物看成实有，也反对把客观世界看成绝对虚无。所以在道教修养方法上，既反对"断情忍色，栖托山林，或却扫闭门，不见可欲"，又反对金丹法，而主张精神解脱法，即通过忘情，了悟"夫万象森罗悉皆虚幻"，"外无可欲之境，内无可欲之心"，使人的精神达到虚静而"与道为一"，不复生死。

孔颖达撰《五经正义》

贞观十四年（640）二月，唐太宗李世民为提倡教育、推尊儒学，命孔颖达撰定《五经正义》。

孔颖达（574～648），字仲达，冀州衡水（今属河北）人，唐代经学家。少时从刘焯学习，曾任隋河内郡博士。唐朝任国子博士、国子司业、国子祭酒诸职。

贞观年间（627～649），因儒经师说多门，太宗下诏令孔颖达撰写《五经正义》以资讲学。《五经正义》共180卷。所选注本基本参照陆德明的《经典释文》作法，以全国通行注本为准：《尚书》注主要以伪孔安国传；《诗经》主要用毛公的传和郑玄的笺，刘焯、刘炫的义疏；《礼记》主要用郑玄注，皇侃的义疏；《左传》主要用杜预注，刘炫的义疏；《周易》主要用王弼注。疏证依据"疏不破注"的原则对选定的注释进行阐发、证明和补充。

在《五经正义》中，为了更好地考证词义，孔颖达有时用古文献资料来考证词义，有时根据音义关系考据词义，有时根据词义之间的关系考据词义，有时利用说明训释词与被训释词之间的意义关系的方法考证词义，有时又利用语境证明词义。在疏证中，孔颖达十分强调儒家的"礼"，提倡尊卑贵贱的区别。他在《礼记正义序》中说礼是人生最大的事情，没有礼无以辨君臣长幼之序位，为了提高"礼"的地位，孔颖达甚至把"礼"说成是先于天地产生，并将与天地共存的东西。

在哲学思想上，孔颖达受曹魏玄学家王弼的影响，将"虚无"视作宇宙万物的本原。他

孔颖达像

宣称"万物之本，有生于无"，"无阴无阳谓之道"，提出了"先道而后形"的思想，对宋代的程朱理学产生了很大影响。

以孔颖达《五经正义》为代表的二度注释的出现，标志着考据工作已经成为传统训诂学的一项重要内容，使传统训诂学进入了一个崭新的阶段。

《五经正义》从内容上看，其《诗》主毛诗，《书》主古文，《易》用王弼一派，《礼》注重《礼记》，《春秋》则偏重《左氏传》，基本上以古文经为主，结合了一些隋唐经学研究的成果，由于依据的传注不同，又疏散驳杂，一般认为，其中以《毛诗正义》、《礼记正义》为优。通过唐初一批名儒对《五经正义》的编撰，对两汉魏晋南北朝以来的经学作了总结，结束了经学内部宗派的纷争，后世学习研究儒家经典，多依据该书的内容和释义，经学从此获得了空前的统一，这是经学史上的一个进步，它为宋元明新儒学准备了条件。另一方面，其偏重训诂考据而轻视思辨和发挥，虽然给教学、考试带来一定便利，但同时大大束缚了思想的发展，士子们习经应试都墨守《正义》，不敢另立新说，经学于是形成一个僵化的模式。《五经正义》在唐代及至后代的经学教育和科举考试中一直占据统治地位，为统治者所倚重。

振兴儒学·运动兴起

隋唐五代的教育主要是注重儒学的教育，学制系统基本上是围绕儒学的基本精神建立和发展的。但在隋代，佛家、道家思想严重威胁了儒学在教育和思想领域中的统治地位，隋文帝在兴废儒学方面的反复就是典型的例子。

在唐初的100年时间里，统治者摒弃了隋朝弃儒佞佛的作法，在注重"三教并重"政策的同时突出了儒学在文教事业发展中的统治地位。在这种良好的背景环境中，儒学逐步完成了对前朝文教事业，特别是经学教育思想的总结和集大成的工作，儒学统一和复兴的局面随之出现，并涌现了一大批著名的儒家领袖人物，如房玄龄、杜如晦、陆德明、孔颖达等。此外，《五经正义》、《经典释文》等一大批重要的儒学经典问世，为唐代和后世提供了权威的教材和标准的科举考试。

《五经正义》书影。孔颖达奉唐太宗命撰定《五经正义》，对旧传《五经》注传等进行疏证，为唐代科举考试提供了标准的经学典籍。

隋唐五代的儒学不是传统儒学，而是经过整理和改造后的儒学，所以更加符合统治者的利益，也能得到历朝帝王的提倡。唐太宗自幼熟读儒家经史及文学之书，明确指出他所好的只有尧舜周孔之道，并在各方面显示对儒学的尊崇。贞观二十一年（647），唐太宗下诏让历代经学家左丘明、卜子夏、公羊高、谷梁素等21人配享孔子庙庭。同时敕令将孔颖达等人撰定的《五经正义》颁行全国，令在下传习。

太宗在为太子所作的《帝范》12篇中，基本上都采用了儒家的帝王之术思想。唐太宗以后诸帝基本上都崇尚儒术。唐玄宗在开元二十年下诏称孔子之术能启迪苍灵，美政教，化风俗，为此特追封孔子为文宣王，将孔子抬上了帝王之位。尤其重要的是，在唐初及玄宗时代，尊崇儒学已用法律形式固定下来，作为官方的政策来执行。唐玄宗还亲注《孝经》，以此作为全体百姓的御定课本。当时制定的《大唐六典》中，对发展儒学作了详细的规定，将振兴儒学的政策进一步具体化。玄宗以后，唐代各朝皇帝都在发展和振兴儒学方面作出了努力。代宗令官人子弟入学补国子生，同时选拔和培养经学师资，重兴太学。文宗时，根据国子监的奏言，把九经字体刻在石上，进一步加强了经学教材的统一。文宗、宣宗、武宗等也都采取了一系列的排挤佛道的措施，以试图重振儒学。

但唐太宗以后，崇佛崇道之风不断兴盛起来，如何对待佛教成了人们关注并想妥善解决的重大课题。一方面统治者看到佛道思想有许多可取之处，可作为儒家思想的补充；另一方面文人也看到佛道思想及学术成果有许多可资借鉴和学习的地方。因此，有不少人提出过以儒为主，合汇三教的积极主张，揭开了隋唐五代儒学思想矛盾、变化和发展的序幕。这一时期的儒学发展形态可以被称为"前理学时期"的儒学，是宋代理学思想的渊源。

道教经典汇集成"藏"

道教经籍的总集称为"道藏"。道教开创之初，经书不多。魏晋以后，随着道教的倡行，道书日益增多。因此在两晋以后，陆续编纂经目，汇集道经，汇辑成"藏"，最早在唐开元年间。其时，唐玄宗下诏派使法搜访道经，并亲自过目，参与探讨，列其书为"藏"，《三洞琼纲》，计3744卷（一说5700卷），名为《开元道藏》。天宝七载（748）唐玄宗诏令传写《开元道藏》，以利广泛传播。《开元道藏》为道教史上第一部道书总集。

道藏所集经书，按其渊源和传授系统的不同，分三洞、四辅、十二类编排。三洞即洞真、洞玄、洞神三部，承袭了南北朝时陆修静《三洞经书目录》题名。三洞为道经中最重要的三个部类，道教认为，"三洞经符，道之纲纪，太虚之玄宗，上圣之道经"。四辅是对太清、太平、太玄、正一的总称。据《道教义枢》及《云笈七签》的记载，太玄为洞真经之辅，太平为洞玄经之辅；太清为洞神经之辅；正一部贯通三洞和三太（即太清、太玄、太平），遍陈三乘，为以上六部之补充。三洞之下各分十二类，总为三十六类经，亦称三十六部。据《云笈七签》及《道教义枢》称，十二部指本文类、神符类、玉诀类、灵图类、谱录类、戒律类、威仪类、方法类、众术类、记传类、赞颂类以及章表类。

道藏的三洞四辅十二类的分法，既反映了道经传授系统，又反映了道书实际内容，是一种双重标准分类体系。

唐玄宗崇道

唐代道教兴盛。唐玄宗到了中晚年也开始崇尚道教。

开元二十九年（741），玄宗梦见玄元皇帝老子告诉他，愿与他一见，于是，他派使者求来老子画像放置兴庆宫中。五月，又令人画老子像分别放于各州开元观中。同年，他命令两京诸州各建玄元皇帝庙及推广玄学，让书生学习《老子》《庄子》《列子》《文子》等道家典籍，每年举行考试。

天宝元年（742）正月八日，陈王府参军田同秀投玄宗之所好，上奏说见过玄元皇帝，并知道灵符所在，玄宗马上派人在函谷关尹喜台找到灵符。群臣上表认为灵符暗藏年号，应改年号为"天宝"，玄宗同意。二月二十五日，玄宗在玄元庙祭祀老子，并赦免天下罪人，将田同秀升为朝散大夫。当时人们都怀疑灵符是田同秀伪造的。次年又出了个以同样手段取宠的崔以清，地方官疑心有诈，审问结果果然如此。但玄宗晚年昏庸，并不过分怪罪崔以清，只把他流放边地。天宝元年，玄宗将两京玄元庙改为太上玄元皇帝宫，并下诏追尊庄子为南华真人、文子为通玄真人、列子为冲虚真人、庚桑子为洞虚真人，他们的书都改称"真经"。天宝二年（743），玄宗又追尊老子为大圣祖玄元皇帝，改两京崇玄学为崇玄馆，设一名大学士（由宰相担任），统领两京玄元宫及道观，玄学设学生100人。天宝四载（745），玄宗下诏将《道德经》列于诸经之首，并命集贤院将《南华经》从子部论编入经部目录，视其为经典著作。唐玄宗晚年盲目崇尚道教，做出了许多荒诞可笑的事。他由早年的清明皇帝到晚年的昏庸君主，与笃信道教也是不无关系的。

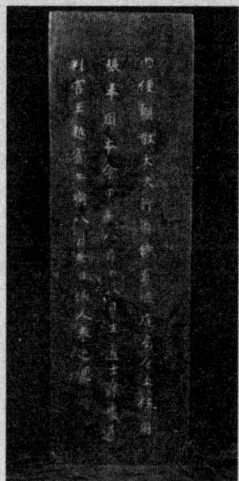

唐玄宗开元投龙简。唐玄宗尊奉道教，凡祈福祈雨，有投龙之举，以铜版刊刻告文，投入山洞或江湖。

后唐印卖监本《九经》

后唐明宗长兴三年（932），宰相冯道、李愚请令判国子监事田敏校定（九经），刻版印卖。

监本，是一种版本类型，是中国历代国子监雕版印刷的书本，始于五代后唐。九经是九部儒家经典，有《三礼》（《周礼》、《仪礼》、《礼记》）、《三传》（《左传》、《公羊传》、《谷梁传》）及《易》、《书》、《诗》。

后唐印卖监本"九经"，始于后唐明宗长兴三年，到后周广顺三年（953），历时22年，"九经"全部刻完。刻印监本经书，后唐为始，以后历代都有监刻经书。这对于保存古籍有积极的贡献。

杜光庭纳儒入道

　　杜光庭（850~933），字宾圣，号"东瀛子"。处州缙云（今浙江永康县）人。他是南朝道教茅山宗创始人陶弘景的八传弟子，唐末五代的著名道士、道教学者，也是进一步将道教思想义理化的代表人物。杜光庭生前著作颇丰，著名的有：《道德真经广圣义》50卷、《常清静经注》、《道教灵验记》、《录异记》、《天坛王屋山圣迹记》、《广成集》，《道门科范大全集》等等。

　　杜光庭注重研究《道德经》，其道教思想最主要的特征就是以道为本，纳儒入道，调和儒道矛盾。

　　他继承和发展了唐玄宗时期道家吴钧的作法，在其著作《道德真经广圣义》中，集中表现了他的道教思想。他在这本书的卷三第九中说："仲尼谓敬叔曰：吾闻名聃博古而达今，通礼乐之源，明道德之归，则吾师也。"表明了他的道教思想宗旨即道儒相契合又高于儒。在同一本书中他对这一宗旨作了进一步的发挥，卷五第二十中说："仁以履虚一，礼以不恃不宰，义以柔弱和同，智以无识不肖，信以执契不争，其大旨亦以玄虚恢廓冲寂希微为宗。"从这一发挥中也可清楚地看到，杜光庭的道教思想的目的在于以道为主，融合儒道。他声称老君《道》、

五代白瓷莲花式盘

《德》二篇非谓绝仁义圣智，在乎抑浇诈聪明，将使君君臣臣父父子子，见素抱朴，混合于太和；体道复元，自臻于忠孝。把孔孟之道统一于老君之道。

他的以道为主、融合懦道的宗旨，以及他将茅山家与天师道两派斋醮仪式统一起来，并加以规制化和给予义理方面的说明，均为后世道教所沿用。

周蜀刻《九经》

战乱年代,文化事业并未完全停顿,后蜀广政十六年、后周广顺三年(953),周蜀两国均刻印《九经》。

后蜀广政十六年五月,宰相毋昭裔出私财百万,继其主持刻石经之后,又请镂版印《九经》以颁郡县,后蜀后主从之。蜀中旧时文人辈出,中途一路断绝,自此,蜀中文学复盛。

后周刻九经渊源当直溯后唐明宗时,长兴三年(932)起,诏令国子监校定《九经》,当时的屯田员外郎田敏等充详勘官。雕版历时 20 多年,虽然朝代更迭,工程未止,至后周广顺三年(953)六月完成。此时已任周尚书左丞兼判国子监事的田敏献书周太祖,计有《五经文学》、《九经字样》各 2 部,共 130 册。此次刻印之本,世称"五代监本"。虽值乱世,但《九经》赖此而传布甚广。官府大规模刻书的历史,也由此开始。

宋行封禅尊孔

　　封禅为古代帝王祭天地的礼仪活动。同辽等兵革相加的边境局面结束后，宋朝国势趋于平稳，王钦若为了排挤宰相寇准，诬言澶渊之盟为莫大耻辱。寇准遂被罢相，而宋真宗也常为难以洗刷城下之辱而怏怏不乐。王钦若等迎合真宗想建大功业的心理，力作圣人的神道设教的舆论鼓动。景德末年，宋廷始言封禅事。既而真宗诈称天书降，改元大中祥符。大中祥符元年 (1008) 四月，正式议定行封禅，诏以当年十月有事于泰山，又命枢密院事王钦若、参政知事赵安仁同为封禅经度制置使，权三司丁谓掌度封禅所需粮草，王旦等主持有关的礼仪。大兴土木，修筑道路，建立行宫，东行泰山封禅的各类

宋代岱庙天贶殿巨型壁画《泰山神启跸回銮图》

准备活动由此全面展开。

　　大中祥符元年十月，真宗一行自开封经澶州 (今河南濮阳) 至泰山。王钦若等献上泰山芝草 38200 本，接着举行庄严隆重的封禅，先享天上帝于圜台，再禅祭皇地祇于社首山。之后又进行祭孔活动，真宗新谒孔子庙，加谥孔子为玄圣文宣王。十一月回京，前后 47 天。又诏自今祭告天地、社稷、宗庙、岳渎，其后土亦致祭。十二月，命丁谓、李宗鄂编修《封禅记》。次年正月，真宗召辅臣至内殿朝拜天书，后每年若此。自封禅还后，满朝文武官员争相献贺功德，真宗则大行赏赐，举国若狂。此次封禅共耗费去 830 余万贯，成为民众的沉重负担。

契嵩援儒入佛

宋代是一个政治、经济、军事高度集中统一的封建王朝，文化上也逐渐从多元开放走向集中统一。从宗教思想看，打通儒释，援儒入佛成为一个潮流，佛教在思想深层次上与儒学融为一体。契嵩便是当时最著名的兼通儒释的高僧。

契嵩字仲灵，俗姓李，藤州镡津人。自幼出家，博学多识，著书百余卷、六十余万言，有《辅教编》、《传法正宗论》、《传法定祖图》等，其书上达仁宗，得到嘉奖，并赐"明教"师号，但他谢绝朝廷挽留，退归杭州灵隐寺，终老于此。

契嵩在佛教史上有三件事影响较大，一是著《正宗记》和《定祖图》，考订禅宗世祖传承系谱，把神话和历史衔接起来，成为禅门定论。二是对《坛经》进行较大幅度改编，写成《六祖大师法宝坛经曹溪原木》，对这个改编，当时评价很高，现代人评价很低。第三件是撰写《辅教编》，倡三教融合，特别从理论上论证了儒、释的一致性。

契嵩调合儒释的理论是高层次的，并非单纯从字面上找二者的一致处，而是先从心性论入手，找到儒释的理论结合点。他坚持禅宗"心生万法"的宗旨，认为心是宇宙本原，这是佛教和一切世俗道德体系的终极依据，因而三教、百家都是从心出发建立理论的，各家圣人之说不过是从不同角度定位"本心"，异迹而同心，殊途而同归。在这个理论上，契嵩全面调合佛教戒律和儒家纲常，他认为佛教五戒是出世的名教，儒家五常是入世的戒律，此岸彼岸本是相通的。契嵩还特别强调孝道，孝道是儒家伦理的核心观点，最集中反映了中国宗法社会的特征。在以往的儒释冲突中，孝道往往是争论的焦点，契嵩承认孝在戒先，实质上是承认了儒家在中国社会的主导地位，佛教主动向儒学靠拢。但他又用佛教思想改造了孝道，认为出家守戒是行孝的最佳手段。

他举出元德秀刺血写经，画佛像为母超度亡灵的例子，证明佛教有神化孝道的作用。以他的理论为基础，他直接向宋仁宗呼吁："愿垂天下，使儒者儒之，佛教佛之，各以其法赞陛下之化治。"儒释两教最终在巩固封建统治的立场上联合起来。

宋代思想界从未终止过理论上的排佛之议，契嵩时代，范仲淹、韩琦、欧阳修等重臣都有不同程度的排佛倾向，契嵩理论一出，他们的排佛立场都有所软化，并与契嵩交游切磋，过从甚密。

宋徽宗崇道

政和三年（1113）九月，赵佶（徽宗）尊崇道教，本月赐方士王老志号洞微先生，王仔昔号通妙先生。

赵佶崇奉道教，已达到了十分狂热的程度。政和七年（1117）四月，他自称"朕乃上帝元子，为神霄帝君"，诏令道箓院册封他为"教主道君皇帝"。

他信用道士，给予优厚的待遇。四年（1114）正月，置道阶，赐号先生、处士等，秩比中大夫至将仕郎，共26级。六年（1116）正月，置方士林灵素号通真达灵先生。林灵素，温州（今浙江）人。少学佛，因不堪其师打骂，去而为道士。政和间，道士王老志死后，另一道士王仔昔又失去宋徽宗的宠信，经主管道教的大臣徐知常的推荐，徽宗召见了林灵素。林灵素一见徽宗，就大言不愧地宣称，天有九宵，而神霄最高，神霄玉清王是上帝的长子，主管南方，号称长生大帝君，这就是陛下。而林灵素自称是仙卿下降，蔡京是左元仙伯，王黼、童贯等也各有名号，都是上界下凡来辅佐徽宗治理天下的。当时刘贵妃深得徽宗宠爱，林灵素则说她是九华玉真安妃。徽宗听后大喜。政和六年（1116）正月，赐林灵素号通真达灵先生，赏赐其大量财物，并将林灵素家乡温州改为应道军。次年十二月，加灵素号通真达灵元妙先生，张虚白通元冲妙先生，相当于中大夫，出入诃引，以至于与诸王争道，京城人称为"道家两府"。其徒美衣玉食者约有2万人。重和元年（1118）十月，又置道官26等，道职8等。道士皆有俸禄，每一道观给田不下数百千顷。凡设大斋，往往费钱数万贯。

宋徽宗还大肆宣扬道教，提高道教的地位。政和三年（1113）十二月，下诏求道教仙经于天下；四年（1114）正月，下令置道阶二十六级、道官二十六等；六年（1116），下令立道学、修《道史》；重和元年（1118）八月，颁发《御注道德经》，九月，诏太学置道教各经博士等等。政和七年（1117）四月，他还自称是神霄帝君下凡，讽谕道箓院册封他为"教主道君皇帝"，集天神、教主、人君三位于一体。从此，道教愈发兴盛起来道教的地位被抬到空前的高度。

宋罢道学

　　自宣和元年（1119）宋徽宗将林灵素放归温州后，道士逐渐失宠。朝野上下对林灵素等鼓吹的一套道学理论纷纷提出怀疑与批评。徽宗也感到所谓道学已难自圆其说。于是，在宣和二年正月，下诏罢道学，将儒道合而为一，不再别置道学。自此，道教及道士的地位日渐下降。

　　道士林灵素得宠后，其权势可与宰相执政相比，被京师人称为"道家两府"。他对百姓作威作福，任意期凌，京师人民对其深恶痛绝。宣和元年（1119）京城开封大水，徽宗命林灵素作法退水。当他率领徒弟们刚登上城，百姓闻讯举着木棍蜂拥而来，争着要打死他。林灵素仓惶逃走。徽宗自此方知林灵素为百姓所痛恨，心中不乐，后灵素路遇皇太子，不加回避，太子入诉徽宗，徽宗大怒。

　　本年十一月贬林灵素为太虚大夫，斥回温州（今浙江）故里。又命江端本通判温州，监督灵素。不久，江端本上奏揭发灵素居处超越制度，徽宗诏令徙其楚州（今江苏淮安）安置。

山东崂山的太清胜境

刘德仁创大道教

金兵南侵中原之后，北方的汉族士子，既不甘心仕金为官，又不愿陷于宋金之抗争，满腔才华抱负无处施展，有的便投身宗教，试图从中寻求精神慰藉和社团的资凭。在这种心态影响下，刘德仁自创大道教，以宗教教团联络自保，开辟一方属于自己的天地。

刘德仁是河北沧州人，自幼出家。金朝皇统二年（1142），年方20的刘德仁，自称遇神人传授《道德经》，通晓玄妙道诀，遂创立了大道教，又名真大道教。他在传道时，以召神劾鬼之术为人治病，一时远近之众纷纷前来求医求教，教门大兴。朝廷也逐渐承认了大道教为合法的正式宗教，并敕封刘德仁为东岳真人，允许弟子嗣守其业。

大道教创建之时，正值华北地区饱受战争灾祸，民生凋敝、食用匮乏、社会精神生活紊乱，人心不宁，所以大道教的教义充分顺应时势需要。它崇尚俭朴自律，不苟取于人；自耕自足，不化缘乞食；不言炼丹飞升，而以默祷为人驱鬼治病，这种质朴实用的教风，颇受百姓欢迎，故此能在民间广泛传布。

大道教又继承道家清静无为、见素抱朴的遗意，主张"和光而同尘"，"知足不辱"，既不做抗暴英雄，也不做帮凶无赖，这一点符合了北方金统治区多数民众的情绪，而产生了很大的感召力。事实上，这种教义也确实适应了恢复农业生产、稳定人心、改善社会气氛的客观需要。金廷欣赏其安宁社会的作用，所以对大道教礼敬有加，推进了它的发展。

刘德仁掌教38年而传于二祖，四祖毛希琮时，正值金朝灭亡，大道教于兵革之中，以柔自存，隐于民间，余绪不绝。至元朝宪宗时（约1251），又得以光复兴盛，倍受朝廷宠信。

大道教在八祖岳德文继任时臻于极盛。八祖因治愈丞相安童之病而被视

南宋进贡人雕塑

宋代壁画《菩萨像》

宋代壁画《善事太子本生
故事（观织）》，反映宋
代织女的艰辛生活。

南宋印金敷彩
菊花纹花边

为神人，朝廷御赐玺书，厚加封赠，诸王争相结纳，捐赠田产金宝，为其修缮宫宇。一时间，大道教不仅风靡河北，而且流行于江南，仅江南一地就有庵观四百，则大道教其时势力之盛，可以想知。

刘德仁手创的大道教，兴盛于金元两朝，元亡后也随之衰落。末代祖师张清志事亲至孝，曾于临汾地震时救人无数，平生不与权贵交纳，高风亮节，为时人推赏。

大道教虽亡，但却留下了许多著名道观，如大都南城的天宝玉虚，平谷的延祥，房山的隆阳，许州的天宝，猴山的先天等等。

宋陈贾请禁道学

宋淳熙九年（1182），朱熹在朝廷弹劾台州知州唐仲友，告他违反王法。这一下可捅了马蜂窝。原来那唐仲友是宰相王淮的同乡，两人又是儿女亲家。王淮对朱熹此举大为不满。当时吏部尚书郑丙跟唐仲友有很深的交情，同时为了迎合宰相王淮，他在朝廷上借议论道学的幌子，攻击朱熹。郑丙攻击朱熹所倡导的道学实际上是伪学，很多士大夫利用道学，欺世盗名，不值得信任。

淳熙十年（1183）六月，靠王淮发迹的监察御史陈贾，又上奏弹劾朱熹，说近来有一些自命道学的人，大多数是利用这个名声来作伪。那些道学家，他们的学说以诽谤贬低他人为能事，以自命正心诚意克己复礼为内容，实际上是拼命捧高自己，为自己做宣传。然而考察他们的行为，又跟自己所说的相差甚远，甚至是背道而驰。因此，道学实质上是伪学，希望朝廷赶紧下诏，彻底地革除这种习气，对那些徒有虚名的道学家摈斥不用。只有这样，才能使人民言行一致，表里如一，思想纯正，不致于被那些虚伪的学说误导，从而影响统治。

宋孝宗听从了陈贾的意见，对道学进行禁止。朱熹因为得罪了唐仲友、王淮等人，不仅他自己失势，被派去主管台州崇道观，还连累了双程发扬光大的理学，使得理学从此由盛转衰。

四书成为标准教科书

北宋时期，儒学在理学家的带动下，又开始兴盛起来，在民间掀起了授徒讲学之风。在教材的选定上，理学家们依照自己的理解，特地从关于礼仪制度的典籍《礼记》中抽取出《大学》、《中庸》两篇，并为之作注解以教授生徒。南宋时，理学的集大成者朱熹于1177年完成了《论语集注》和《孟子集注》后，又于1189年完成了《大学》、《中庸》的集注。直到绍熙元年即1190年，他在福建漳州做官时，才首次把这四书连同自己的集注，汇集成一本，刊行于世，称为《四书章句集注》（简称《四书集注》），四书之名从此确定下来。

《大学》相传是孔子弟子曾参的著作，主要内容是提出了三纲领和八条目。三纲领是"明明德"、"新民"、"止至善"，是儒家学者所追求的最根本目标。八条目是"格物"、"致知"、"诚意"、"正心"、"修身"、"齐家"、"治国"和"平天下"，是学者为学的具体方法、逻辑程序、框架。八条目的核心内容是"修身"，它说："自天子以至于庶人，壹是皆以修身为本。"八条目中的前四条是所以修身的方法，后三条则是由"修身"发出来的，以"修身"为基础、前提。《大学》对八条目的逻辑先后关系作了详尽的阐释。提出了所谓"絜矩之道"，要求统治者从自身做起，推己及人。《大学》所教的对象是"欲明明德于天下"的"大人"，故被朱熹解释为"大人之学"。朱熹对《礼记》的《大学》原篇的章句顺序作了部分调整，并把"格物"释为"郎物穷理"，奠定了他的"理学"修养方法的基础，实现了他的理学的特色。

《中庸》相传是孔子孙子子思的著作，朱熹说它是为"孔门传授心法"。子思被后世颂为"述圣"。《中庸》认为，人性是"天"赋予的，因此，人伦之"道"以及修道的"教"都是本于"天道"的，而"天道"就是"诚"，

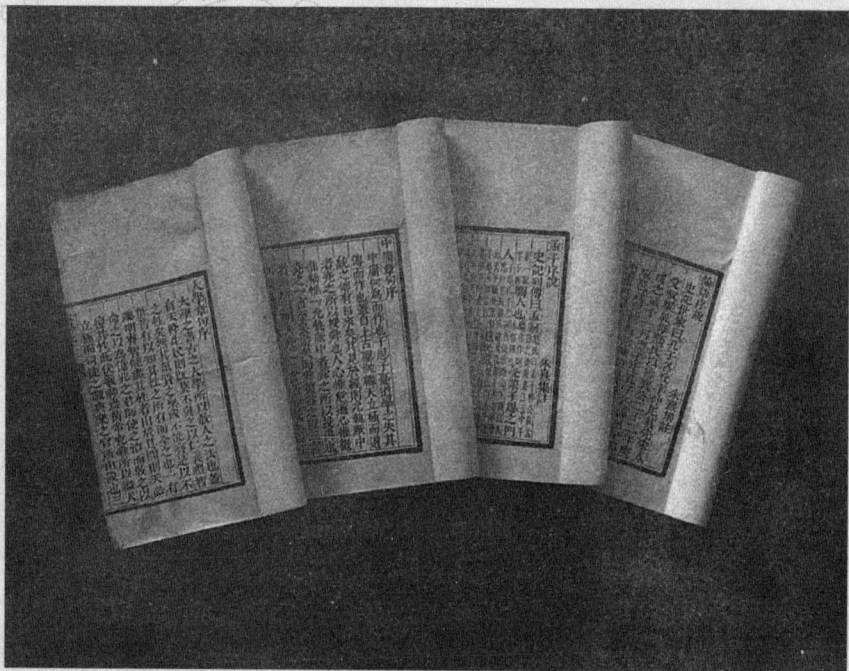

儒家经典《大学》、《中庸》、《论语》、《孟子》，合称"四书"。

它把"诚"视作世界的本体，学者修道就是要体证这个"诚"。它还发挥了孔子"执两用中"的方法论。肯定了"中庸"是道德行为的最高标准。朱熹释"中"为"不偏不倚"，释"庸"为"不变不易"、"平常"。书中还提出了"博学之、审问之、慎思之、明辨之、笃行之"的治学方法。朱熹认为《中庸》承继了尧舜以来道统的真传，对于驳斥当时似是而非的异端——佛、老之学极有功，是故对该书的评价甚高。

《论语》是孔子弟子及再传弟子所记的关于孔子的言行的语录体散文。保存了孔子的哲学、伦理、政治特别是道德教育思想及道德实践方法，提出了以"仁"为核心的伦理学说。《孟子》是战国时期孟轲及其弟子万章所著，它发挥了孔子的"仁"学思想，主张性善论，提出"配义与道"以"养浩然之气"的修养方法，以实现"尽心知性以知天"。政治上主张扩充"不忍人之心"的"仁政"，首次提出"民贵君轻"的民本思想。《论语》、《孟子》自汉始已为

先大夫聯一家之心聯千古而利天下矣是

為叙

乾隆五十八年歲次癸丑仲春月上浣穀旦五江
蕭智漢雲澤氏書於聽濤山房

礼记

论语

学者重视，作为教材使用。

朱熹之所以把四书汇集起来并作集注，是因为他认为读四书较读传统的《诗》、《书》、《礼》、《乐》（汉时亡佚）、《易》、《春秋》六经"用功少而收效多"。他曾经说：《诗经》在孔子时，小孩子都会吟诵，而今天的老生宿儒都很难理解，是不宜于作为现今的重点教材的。他认为做学问就须先穷理，而"穷理必在于读书"，而四书"义理"丰富，又易读，所以读起来效率高。他曾经把《春秋》等经比作"鸡肋"，"食之无肉，弃之可惜"，所以他主张先读四书，"四书治，则群经不攻而治矣"，可见，他把四书的地位抬得很高，甚至可以驾空五经了。对于四书的学习顺序和意义他也有论述，他说："先读《大学》以定其规模，次读《论语》以立其根本，次读《孟子》以观其发越，次读《中庸》以求古人之微妙处。"

朱熹在"避佛老"的过程中吸收佛道的思想，完成了有特色的"理学"体系，为儒学建立了宇宙论、本体论基础，与孔孟的原始儒学是有所不同的，故被后世称为"新儒学"。他的理学的特色在《四书集注》中得以充分体现。总的来说，他继承了孔孟的核心思想，同时又发展了它，使道德实践方法变得更为明晰、精微。他的理学对于儒学的继承与传播是极有功的。对于其后的学术思想及文化传统等具有莫大的影响。当然，这种影响力是借助于统治阶级对理学的推崇。朱子的理学在其生前及逝世后曾遭到短暂的禁止，但其价值很快重新为统治阶级认识。南宋宁宗时，把《论语集注》和《孟子集注》列入学官，元朝时，科举考试试题必须出自《四书集注》，并要求考生答题时以程朱理学的观点阐述。明清两代都以《四书集注》作为从朝廷到地方的官办和私办的一切学校最基本教材以及科举考试的标准答案，四书及朱子的集注，成为标准的教科书，为封建社会晚期广大知识分子所必读。

金修道经

　　金明昌元年（1190）正月，中都十方大天长观提点观事孙明道奉诏参订道教典籍。孙明道于是派道士到各地寻访道经。接着，他依照藏于观内但已经有些残缺的宋《政和道藏》为底本，加以增补诠次，花费两年的功夫，编订成《大金玄都宝藏》一书，共6455卷。

　　《大金玄都宝藏》的书名，是取道教上仙居住在玄都玉京山上之意。这本道经印成之后，曾分别送给各地道教宫观。但是经过金末战乱，只有管州（今山西静乐）还有一本幸存下来。元初时候，道士宋德方等人根据这本幸存的《大金玄都宝藏》修刊出元《道藏》。那《大金玄都宝藏》经板也早在泰和二年（1202）毁于火灾。金朝下旨修订道经，道教势力的兴盛，可见一斑。

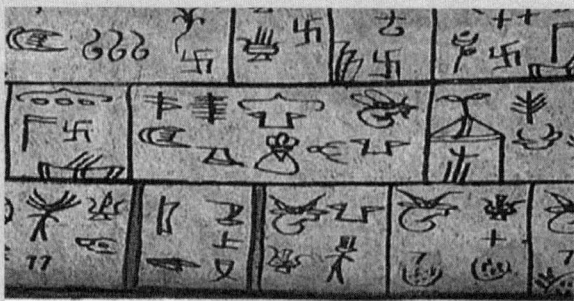

纳西族东巴文经典

蒙古尊孔

　　蒙古起于漠北，崇尚武力，攻战。进入中原的初期，也只对技巧工艺感兴趣而不重视孔孟之道。窝阔台即位不久，中原大部分地区已经被征服，如何有效地控制、治理广大地区被提到议事日程上来。著名政治家耶律楚材经常向窝阔台讲述周公、孔子的学说，提倡"以儒治国"，并向他讲"马上得天下，不可以马上治天下"的道理，窝阔台听后深表赞赏，决心采纳耶律楚材的建议。

　　在耶律楚材等儒士的影响下，窝阔台逐渐重视任用汉人儒者，注意保存吸收汉族文化。窝阔台汗四年（1232）二月，蒙古军围攻汴京，派人向金朝索要翰林学士赵秉文，孔子第五十一代孔元措等人。第二年四月，崔立以汴京投降蒙古，把后妃、宗室、衍圣公及三教，医卜、工匠、绣女送交蒙古。六月，窝阔台采纳耶律楚材的建议，续封孔元措袭衍圣公。同年，又下令修孔庙。九年（1237），蒙古修缮曲阜孔庙完成，命孔元措主祭祀事。又规定免去孔、孟、颜等儒门圣人子孙差发杂役，以示优待。

孔庙大成殿内的孔子塑像

孔庙碑林是中国罕见的大型碑林之一

蒙古开始考试儒生

　　蒙古窝阔台汗九年(1237)八月,耶律楚材对窝阔台说,治理国宋必用儒业,建议考试儒生, 得到窝阔台同意。

　　窝阔台于戊戌年(1238)在中原诸路选试儒生,命课税使刘中主持。考试采用金、宋贡举旧制,分经义、词赋、策论三科,凡不失文义便被中选。被掠为奴的儒生也可应试,原主不得隐瞒阻拦,违者处死。经考试,得东平杨负等儒士四千零三十人,被俘为奴的儒生有四分之一得赦免。中选儒士入儒户籍,享受一定的优待,部分儒士还被任命为本地议事官,与达鲁花赤一起商讨公事。史称"戊戌之试"。

　　对绝大多数中选者而言,戊戌之试实际是一次确定儒籍的考试,一千多沦为奴隶的儒士通过这次考试重获自由。所以元代儒士文人对这次考试评价很高,念念不忘。

张留孙统领道教

至元十四年（1277）正月，跟随张宗演入朝的正一道士张留孙，被授予"玄教宗师"的称号。这种正一天师的称呼，是正一道掌教的专称。正一道源于东汉张道陵创建的五斗米道，也称天师道，南北天师道在唐宋的时候跟上清、灵宝等派合流，开始改称正一道。正一道的历代掌教都由张道陵的后代世袭。在元朝，正一道跟全真道并列为南、北两大道教支派，正一天师由元廷进行敕封，世袭掌管江南道教。

至元十三年（1276），忽必烈召见第36代正一天师张宗演，对他宠信有加，让他总管江南道教。接着，跟随张宗演入朝的正一道士张留孙被授予"玄教宗师"的称号，成为道教在宫廷中的代表。忽必烈特别建造了崇真宫，让张留孙居住，还赐给他尚方宝剑。此一时，彼一时，在至元十七年（1280）释、道再次进行的大辩论中，道教惨败，结果忽必烈下令将道教经典除《道德经》以外一律烧毁，并禁止醮祠。张留孙通过太子真金向忽必烈求情，使很多道经得以保全下来。成宗大德年间，张留孙加号玄教大宗师，被封为知集贤院道教事，统领全国道教。

忽必烈排斥道教

　　至元十八年（1281）十月，忽必烈下令清理道教经典。他听从张易的谏言，说道教书籍除了《道德经》这本书是老子亲自写的外，其他都是假的，应该烧掉，所以将除《道德经》以外的经典著作全部烧毁。

　　正如前面文章介绍，元朝历代都崇奉佛教。佛道相争由来已久，自魏太武帝到唐会昌年间，从蒙古国到元朝，先崇奉道教后又宠爱佛教，经历了两次大辩论。

　　1222年6月，成吉思汗召见丘处机（全真道道士），并免去道士的差役和赋税等。丘处机在大雪山受赏，从此掌管天下道门。全真道迅速崛起并超越了佛教的优越地位，双方矛盾上升。蒙古统治者也有疑忌。全真道士在1255年和1257年两次释道辩论中都败给佛教子弟。于是，蒙哥汗下命焚烧道家所藏的假经典，又把一些道士的头发剃掉使他们成为僧人，道教地位大大削弱。

　　至元十七年（1280）四月，大都发生了僧道两方聚众斗殴的事件，忽必烈杀了为首的两名道士，又将10名道士的耳鼻割掉。第二年，他召集僧道诸门及翰林院文臣在长春宫辩论《老子化胡经》的是非，结果以胆巴为首的道教派又输了。于是忽必烈下令把除《道德经》以外的道家书籍全都烧掉，并命令全国都执行。

　　这次大焚书，虽然在全国没有得到完全执行，但是，道家势力却受到沉重的打击。

道教开铸金殿

　　道教祀神和作法事的场所称观，更庞大的观称为宫，较小的观又称道院。观、宫之内主要建筑称为殿。

　　道教建筑一般为木构建筑体系。其组合原理与住宅、宫殿及佛寺大体相似。如山西芮城永乐宫，始建于元代，是现存较早的，保存比较完整的道教建筑。

　　此外，道教建筑中也常有用铜铸造的，称为金殿。金殿象征天帝的金阙，大多供奉真武帝君，即古代神话中的北方之神玄武，也是道教武当派所奉的主神。因此，金殿也发源于武当山。

　　现存最早的金殿铸于元大德十一年（1307），仅1间，高2.4米。另外位于武当山天柱峰上的金殿，铸于明永乐十四年（1416），面阔3间，高5.5米，整个建筑，包括神像、供桌全为铜铸镏金，加工精致，堪称雕塑艺术珍品。云南昆明太和宫曾在明万历三十年（1602）仿照武当山铸造金殿，明末移往

东岳庙，元时为东岳大帝之宫，是道教两大派系之一正一派在华北地区的第一大道观。东泰山神为阎罗王的上司，掌握人生长短、阴府鬼神。左图为东岳庙山门，右图为东岳庙七十二司。

宾川鸡足山，今已不存。昆明现存的金殿是吴三桂在康熙十年（1671）仿建的。其他诸如苏州玄妙观原有明代铜亭一座，山东泰山碧霞洞亦有明代铜亭一座，今已移置岱庙。碧霞元君祠原称昭真观，位于泰山极顶南面，殿内供奉泰山神碧霞元君铜像，其正殿五门、瓦片、吻兽都是用铜铸造的。

　　道教开始铸造金殿，说明我国古代铸造技术已达到较高的水平。

元代道教建筑中的典型代表——永乐宫建成

元代对道教十分尊奉。全真派道士丘处机往中亚晋见成吉思汗，宣传教义及为政之道，深得成吉思汗欢心，给予道教免赋役的特权。自此道教势力大盛。忽必烈时虽曾一度受到排斥，但自此之后直到元末，道教与其他宗教一样受尊奉。元代道观祠庙建造很多，元大都的东岳庙、河北曲阳北岳庙和山西洪洞水神庙都是元代著名道教建筑。其中位于山西省永济县的永乐宫就是元代道教建筑中的典型代表。

永乐宫三清殿藻井

永乐宫是元代道教全真教的三大宫观之一，原位于黄河边的永乐镇。传说八仙之一的吕洞宾就在这里出生，山川非常秀丽。永乐宫的建造前后共用了110年的时间，从定宗二年（1247年）修建大纯阳万寿宫，后来改称永乐宫，然后逐步建成各主体殿堂，到至正十八年（1358年）完成各殿中的壁画为止，差不多经历了整个元代。

永乐宫建筑规模十分浩大，原来在永乐宫周围还建有许多祠庙，但现在只剩下了永乐宫一处。永乐宫沿中轴线依次布置宫门、龙虎殿、三清殿、纯阳殿、重阳殿5座殿堂，除宫门是经清代改建外，其余4座殿堂均保持着元代时的建筑风貌，组成了一组雄伟、浩大的道教建筑群。

永乐宫中的三清殿建筑最为宏伟壮丽，殿中奉祀三清神像，面阔7间，进深 4 间，长 28.44 米，宽 15.28 米，殿中四壁绘制着巨型壁画"朝元图"。殿中为扩大空间采用了减柱法建造，仅后部设有 8 根金柱，其余均省去不用。用黄蓝琉璃制作的层脊上两只高达 3 米的龙吻，造型生动，非常引人注目。无极门又称龙虎殿，原为永乐宫的宫门，后部明间台阶退入台基内呈纳陛形制，造型非常罕见。纯阳殿又名混成殿，内有吕洞宾像，故又称吕祖殿。最后是纪念全真教祖师王重阳和他的弟子的重阳殿，也称为七真殿。纯阳殿和重阳殿壁面均分别绘制吕纯阳、王重阳的生平故事的壁画。

　　永乐宫的四座元代建筑在建筑上和艺术上均取得了巨大成就。其一是它在总体布局上突破了中国古代建筑的廊院式结构，在同一条轴线上布置殿堂，使空间关系主次分明。其二是它采用了减柱法等一系列革新手法，扩大了建筑空间，对明清的建筑技术产生了重大的影响。三是它的殿中保存了大量元代彩画，彩画的构图和色彩运用均有许多创新。四是各殿中共有 960 多平方米的巨幅壁画，题材多样，色彩绚丽，在建筑史、绘画史中都极为罕见。尤其是三清殿中的"朝元图"壁画，泰定二年（1325 年）由马君祥等人绘制而成，描绘了诸神朝拜元始天尊的故事，以 8 个帝后主像为中心，周围有金童、玉女、星宿力士等共 286 尊，场面开阔，气势恢宏。这些壁画都成为我国古代壁画中的精典佳作。

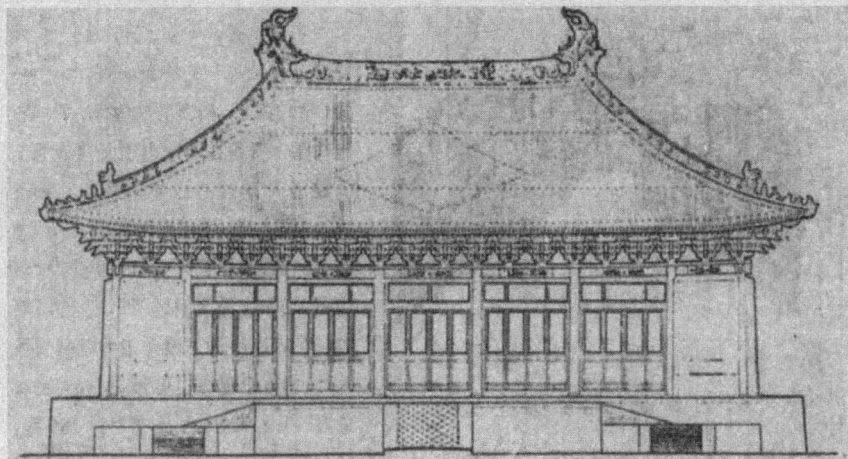

永乐宫三清殿立面图

明宫好道

明代皇帝多爱好方术，宠信道士，此风始自朱元璋。据史记载，朱元璋亲近的道士有周颠、张中、张正常、刘渊然等。周颠有异状异行，能预言，为太祖"告太平"，善辟谷，罩巨缸以薪煅之无恙，常随太祖同行。洪武中，太祖亲撰《周颠仙传》记其事；铁冠子张中善数术，能测祸福，多奇中；张正常为正一道四十二世天师，太祖召入朝，授其正一嗣教真人，赐银印、秩视二品；刘渊然善雷法，太祖召至，赐号高道，馆朝天宫。明太祖之所以如此崇信正一道，是因为它能在社会政治与伦常生活中起维护作用。但朱元璋并不放纵道教，对道教活动采取严格管理，不使冒滥的方针，其原因有三：一是以僧道太奢，对财政有影响；二是怕白莲教和其他民间宗教信徒混入僧道之中谋反；三是因僧道中多"不循本俗，污教败行"者，有碍国家法律统一。

明成祖永乐帝大体继承了明太祖的爱好与宗教政策，永乐大帝最推崇真武神，醉心于有活神仙之称的武当全真道士张三丰，形成他独具特色的道教信仰。他曾耗费百万金银在武当山修建庞大的道教建筑群，使武当山成为闻名遐迩的道教胜地，又在北京建造宏大的真武庙。明成祖还十分仰慕明初已名气昭著的高道张三丰，永乐五年（1407），成祖遣给事中胡濴偕内侍朱祥带金书香币往访张三丰于武当山，遍历荒徼，10年不获。虽然如此，明成祖对僧道管理也极其严格。

明代诸帝中，奉道最虔诚、为时最久的是明世宗。世宗即位之初尚能励精图治，冷淡斋醮，中年以后专信道教，希求长生，日事斋醮不理朝政，老而弥笃。世宗最初崇信龙虎山上清宫正一道士邵元节，征其入京，封为真人，岁给禄百石，赐田30顷。世宗所宠另一道士陶仲文，由邵元节推荐入朝，因预言火灾果中而得信任，后因每次祈祷有功，加封少师，兼少傅少保，一人兼领三孤，终明之世，唯有陶仲文一人。陶仲文得宠二十年，位极人臣。此

白云观四御殿。位于北京西城区的白云观，是道教著名宫观。

外，世宗还宠信过道士段朝用、龚可佩、蓝道行、胡大顺、端明，朱隆禧等人，这些佞倖以道术方术邀宠，得封官进爵，直接干预朝政，污浊世风，大失道教清虚本色，皆起因于世宗昏迷颠狂，上好下阿，势所必然。明世宗一心迷恋方术斋醮，大权旁落权臣严嵩手中，弄得朝廷内外乌烟瘴气，后严嵩被贬死，徐阶代为首辅，情况才稍有好转。

明太祖清理佛道二教

明太祖朱元璋为了强化思想控制，加强中央集权，于洪武二十四年（1391）六月，命令礼部清理佛、道二教。

清理内容如下：各府、州、县只能设立一所大寺院庵堂，不许教徒与民众杂居，违者处以重罪；亲戚朋友隐瞒寺外的教徒，处以流放的处罚；允许教民还俗；那些已经成为定本的佛经，不许再改动；老百姓以信奉瑜珈教为借口，互相联络者，或借张真人的名义私自制造符箓者，都要被处以重罚。七月一日，朱元璋又颁布诏令，摧毁那些新建新增的庵堂寺观。

朱元璋对释、道二教的清理，无疑使释、道二教的发展深受打击。

白云观庙会。每年正月初一至十九日，白云观举行庙会，逛庙会成为在京之人的最大乐事之一。

土司逐渐设立儒学

　　洪武二十八年（1395）六月十日，户部知印张永清上疏言：云南、四川诸处，边夷之地，民皆啰啰，世袭土司，于三纲五常之道，懵然不知，宜设学校，以教其子弟。朱元璋认为言之有理，于是就对礼部大臣说："边夷土司，皆世袭其职，鲜知礼义，治之则激，纵之则玩，不预教则难以化。应于云南、四川边夷土司皆设儒学，选其子孙弟侄之俊秀者以教之，使其知君臣父子之义，而无悖礼争斗之道。"此乃安定边界、教化民风之道。于是，土司儒学渐次设立。

诏修《五经四书大全》、《性理大全》

永乐十二年（1414）十一月，成祖命儒臣胡广、杨荣、金幼孜等纂修《五经大全》、《四书大全》、《性理大全》等。

成祖朱棣说《四书》、《五经》都是古代圣贤阐述精义要道之言，要求

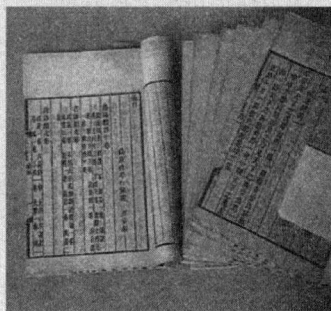

《朱子五经语类》

《四书章句集注》

胡广等人将历代诸儒发挥圣贤之言的议论中切当之言汇集增附在传、注之下。宋代周、程、张、朱等君子阐述性理的言论，如《太极通书》、《西铭正蒙》之类，都是六经羽翼，但并没有一本书将其汇集，朱棣要求胡广等人分类将其汇编，而且要求务必编得精练完备，以便流传后世。他命令胡广总管这件工作，又命朝臣以及在外都官中有学问的人来共同参加编纂整理。朝廷在东华门外开馆，并命光禄寺供馔，《五经四书大全》和《性理大全》于永乐十四年（1416）三月修成，颁行于天下。明朝命令两京六部、国子监以及天下府、州、县学，阅读、讲授这两部书，并且将其列为科举考试的标准。明初科举，规定用《四书》、《五经》为内容作为考试题目，均以朱熹或其弟子的注释

为准绳。"三大全"的编纂，对统一思想，巩固和强化程朱理学的统治地位起到了重要作用。同时，明代对读书人的思想禁锢由是更甚，也培养了一批穷经皓首而没有什么能力的庸才。

明鎏金吉祥天母造像。吉祥天母在藏族地区备受崇信，传说是观音菩萨的化身。藏人重诺，往往以吉祥天母之名发誓言。天母形象狰狞可怕，以示其面恶心善，可驱赶妖魔。

扩建孔庙

　　孔子是春秋末年思想家、政治家、教育家，儒家思想的创始者。由于孔子和儒家学说为历代统治者所推崇，孔子被誉为"集古圣先贤之大成"的"至圣文宣王"，因此，在全国各地修建的名人祠庙中，孔庙的地位最特殊，修

太和元气坊

建得也最宏阔壮丽。自汉代"罢黜百家，独尊儒术"起，孔庙被列为国家修筑的祭祀建筑；特别是自唐宋以后，尤其在明代，各名都大邑，及府县都普遍建孔庙，又称文庙，并常与府学合建在一起，形成左庙右学之制，成为府州县城市规划建设不可或缺的组成部分。

位于山东省曲阜市旧城中心的孔庙，占地约10公顷（1公顷＝1万平方米），呈窄长的地形，前后总共有8进院落，由前导和主体两部分构成。前导部分纵深空间由横间分隔成大小、开合不同的3个庭院，层层门坊沿中轴线布列，周围栽种苍翠古柏，营造出祭祀建筑特有的宁静幽深，崇敬肃穆的空间环境，并以颂扬孔子圣德勋绩的内容命名，各门坊文字与建筑相配合，强化了人们景仰追思先哲的心境，体现了我国古代祭祀建筑特有的处理方法，进而烘托出祠庙建筑的纪念性、教化性。如庙门称棂星门，而棂星则是古代传说中的天上文曲星，暗喻进入此门者即能成为国家栋梁之才。第二道门称圣时门，因孟子有言"圣之时者也"称颂孔子而取其意的。其余如太和元气、道冠古今、德侔天地、仰高、弘道等无不充满了对孔子颂扬之意。

孔庙的主体部分，自大中门起，仿宫禁形制，周围建有崇垣，四隅建角楼，过同文门为奎文阁，其阁共2层、3重檐，是孔庙的藏书楼。奎文阁后面13座历代帝王往曲阜拜谒孔庙时留下的石碑，碑旁排列于道路两则，其形制相似，均为方形平面，重檐黄瓦歇山顶。庙主体庭院，在大成门内颇为广阔，四周建有廊庑，沿中轴线顺次建有杏坛、大成殿、寝殿。

大成殿是孔庙最重要的建筑，是整个孔庙建筑群的核心，是供奉祭祀孔子的正殿。殿内中间立有孔子塑像，两侧是颜回、曾参、孔伋、孟轲四配以及十二哲像，殿面阔9间，长45.78米，进深5间，宽24.89米，总高达24.8米，黄琉璃瓦重檐歇山顶，大殿外共有檐柱28根，均是石柱，两山及后檐柱18根，八角形浅雕蟠龙祥云，前檐柱10根，浑雕双龙对翔图案，下部刻山石，形象生动，雕琢精细美丽。大殿建在2层石台基上，前有作为祭祀舞乐宽阔露台，殿外檐施和玺彩画，殿内天花板及藻井均雕龙错金。整个大殿异常巍峨庄严、金碧辉煌。

各地文庙建筑亦均以曲阜孔庙为蓝本，主要包括棂星门、泮池、大成门、大成殿及作仪礼和舞乐的露台，成为文庙建筑的标准模式。

经历代统治者不断重修扩建，曲阜孔庙由最初三间旧宅扩充为占地约 10 公顷的"缭垣环护、重门层阙，回廊复殿，飞檐重栌"的宏大庙宇。其建造历史跨度长达 2000 多年，这在中国乃至世界建筑史上都是极为罕见的。孔庙建筑本身体现了中国古代建筑的艺术精髓，建造孔庙则体现了历朝历代统治者均以孔子为尊，儒学为本的思想统治。

卫所设儒学

宣德七年（1432），明宣宗采纳了在卫所立校的建议，着令执行。

是年三月二十日，吏部尚书郭琎等复奏陕西按察佥事林时建所言：各地卫所应当建立学校，使军官子孙能接受教育。吏部与有关廷臣会议一致认为，与府县治相邻的卫所，军官子孙可令其入府州县学读书。离府州治县学校较远的卫所，则应择地建学校，解决军官子孙的读书问题。学有所成者可以参加本处的乡试。宣德十年十月十三日，陕西按察司佥事又奏言各处卫所的军人中也有可造就的人才，应分别建立学校对他们进行教育，使之能文武双全，为国家效力。

两个建议先后均获宣宗钦准，命令全国各地驻军的地方都建立了学校。

六书学再次兴起

运用"六书"分析研究汉字的六书学自汉代许慎后走向衰弱，研究"六书"理论的学者稀少，这方面著作亦少见。经宋代郑樵倡导，明代六书学再次兴起。

明代六书学著作大量出现，有赵㧑谦的《六书本义》、魏校的《六书精蕴》、王应电的《同文备考》、杨慎的《六书索隐》、吴元满的《六书正义》和《六书总要》等。

《六书本义》12 卷是明代具代表性的"六书"研究专著。主要是受宋代郑樵的《六书略》和元代戴侗的《六书故》影响。根据事类分篇，共分数位、天文、地理、人物等 10 类，并将《说文解字》的 540 部首归并为 360 部。《六书本义》共收 1300 个字。每字之下，先用反切注音；其次释字义，有时还引文献作为例证，最后说明其字在"六书"之义，用以探求造字意图。并将假借义附在最后，用"○"与前文隔开。赵㧑谦的释义有许多可取之处，如认为"元"的本义是"头也"，而不同于许慎的"始也"，以及戴侗的"生物之本始也"的解释。此书亦有明显的缺点，即把本义之外的其他意义都看成假借义，将许多引申意义都说成假借义。如"皮"的"肌表肤"义是由"兽皮"引申而来，是不应看成假借。

明代赵宧光的《说文长笺》是研究《说文解字》的巨著，与"六书"研究相联系。《说文长笺》共有"本部" 120 卷、"述部" 24 卷、"作部"前 46 卷后 16 卷、"体部" 18 卷、"用部" 4 卷、"末部" 4 卷。在分析文字结构、解释文字意义方面，此书有许多可取之处。

复杂矛盾的黄道周思想学说

黄道周(1585～1646)，字幼平，亦号石斋先生，福建漳浦人。中年举进士，曾任南明礼部尚书。明末儒学大师，著作颇丰，主要有《榕坛问业》、《论易》等。他的思想学说既复杂又矛盾。

在自然观上，黄道周把阴阳二气和五行(金木水火土)看作是构成天地万物的物质元素，进而强调太极是天地万物的本原，太极与阴阳是一体的，太极也就具有物质性。他强调有了阴阳之气，才有天地形成和人类万物的产生，才有了自然的诸种变化和变化规律。

黄道周毕生研究易学，将古今历学尽归于易，生硬拼凑，以致走了神秘主义道路。但他也有些合理可贵的思想。首先，他认为治易就要如实反映日月天地的自然形态及变化规律。其次，治易要摆正理、象、数三者的辩证关系。理即日月星辰变化的自然规律，象和数则是构成理的具体形态和度量的依据。再次，提倡治易要贯彻实测的精神。显示他重实证、实验的实学思想。

黄道周的格物致知的认识论中亦有进步倾向。首先，提出人的认识来源于"物上精魄"的非精神——"性地灵光"。认为人的感情意识"不从心生"。而是人们对外界事物的感受所引起的。其次，他认为人对外界事物的反映和认识是很重要的，"只要致思，人人自是圣贤"。还指出人的主观认识能正确反映客观事物。他的认识论还表现为重躬行、重实践，有力地抨击了空谈的弊端。

黄道周的道德修养论提倡"修己以敬"，视"敬"为"本体工夫"，是中和之本，礼乐之源，从而把"教"变成了一种能产生神秘力量的主观精神。他还把人的主观意义中的"敬"与"诚"，与客观事物、自然界的"天"的真实性相混同，最终必以主观意识代替客观世界，这又与他的认识论相矛盾了。但他把敬和"安民"、"安百姓"联系起来，与"君子事功"、"君子学问"

一起作为实现修身齐家治国平天下理想的组成部分，这使他的道德论含有一些民主思想的因素。

在人性论上，黄道周认为人性本原于天，把人性和天命完全等同，使人性具有神秘性质，这同他在自然观上不信天命鬼神的重自然规律的观点相左，陷入理学的"天道性命"的"精神本体论"。他坚持性善论，人之所以变恶、愚，皆是后天习染不同的缘故，因而他重视后天的修养。他的人性善论虽错，但他的认为，人可以通过修养改善变智，肯定了人的主观能动性，含有积极的因素。

总而言之，黄道周的思想学说既复杂又矛盾，既有积极进步的因素，也没有完全摆脱某些神秘主义的束缚。

清政府尊孔崇理学

清朝建立和入主中原后，为了巩固政权，开始从以武力平天下转向以文治国，其中重要的一个措施就是尊孔崇理学。

清的建立者满洲人以异族入主中原，一方面为了笼络汉族士儒，并使汉族民众归顺满清政权，另一方面为了使满洲人适应新的形势的变化，学习治国所必须的有关汉文化知识尊孔崇儒，以程朱理学为正宗，振兴文教。清廷尊孔祭孔之礼日渐隆备，祭孔礼仪及其活动不仅有政治、宗法、宗教方面的含义，同时也成为国家最隆重的官方教育典礼，具有指导全国教育发展方向的象征性政策意义，倍受政府重视。顺治朝便已大体恢复了前期祭孔典礼，以后诸朝又在此基础上进一步增益，使得清代文庙祀典礼大

大清皇帝册封至圣先师孔子五代王碑

北京孔庙外的"官员人等至此下马"石

大超过前朝，清皇帝多以撰写谕文、表赞，或为孔庙、学宫题书赐额形式彰明尊孔崇儒的文教宗旨。如康熙朝时，御书"万世师表"额，悬挂于孔庙大成殿并颁直省学官。御制《孔子赞》，序颜、曾、思、孟四赞，刻石颁于直省，乾隆时，增京师孔庙大门先师庙额，御书殿门榜字；又将旧制向孔子位行二跪六拜之礼，特改为三跪九拜之礼；诏令于太学集贤门内修建辟雍，恢复了废弃 500 余年的帝王临雍讲学之礼。雍正帝正式颁旨，规定每年农历八月二十七日为先师孔子诞辰日，将孔子生日由朝廷正式定为官方节日，全国致斋一日。为表彰儒术，清廷又扩大招纳汉族士儒的名额，并优礼名士硕儒，"崇儒重道，培养人才"，大大刺激了士儒读书进取之热情，开崇儒尚文之风。清政府还十分重视发展地方教育和书院教育，以不同形式奖励地方办学，著书撰文倡言教化之道。这些措施成为尊孔的主要方面。

河南内乡县衙门楣上赫然挂着"天理国法人情"的横匾，浸透了儒家治国思想的全部要旨。

清政府在尊孔崇儒方面的另一个主要内容则是强化理学教育的主导地位，以此对抗刚刚崛起的启蒙学派，维护孔教理学正统。清廷一再诏封朱熹后人承袭五经博士，又将朱熹由孔庙从祀之列的地位抬升于十哲配享之列，位居孔庙从祀之列的宋元诸朝先贤先儒，也几乎全部都为理学名家。康熙帝强调，万世之道统与统，均包含在程朱所表彰的《四书》之中，程朱理学为"入圣之阶梯，求道之涂辙"。要求士儒穷心学习。科举考试也以"四书"为主，而"六经"之学以程朱理学之说为本，研读"四书"、"六经"稍有不合程朱之说者，即视为离经叛道，甚至招来杀身之祸。康熙帝还命人编撰《四书解义》刊行天下，"以此为化民成俗之方，用期夫一道同风之治"，即要用程朱理学统一士心与民心。

清政府尊孔崇理学，推动了儒学和理学的发展，促成了人们思想上的统一，在一定程度上巩固了清朝的统治。

重修孔庙

康熙三十二年（1693）十月六日，孔庙重修工程完成，康熙帝派皇子允祉、允禛前往致祭。

还是康熙二十三年（1684），康熙帝巡省东方，曾到曲阜祭祀孔子。看到孔庙多历年所，丹获改色，榱桷渐圮，于是决定动用内帑，派专人前往主持修缮工作。重修工程从康熙三十年（1691）夏天开始，康熙三十一年（1692）秋天基本完成。重修后的孔庙平面是长方形，总面积约 327 亩，周环以高墙，

位于江苏苏州西南横塘镇东的横塘古驿亭。驿亭始建年代不详，公元 1874 年最后一次修缮。驿亭处水陆交通要冲，为苏州驿传中转枢纽所在。古驿亭坐北朝南，左右石柱上对联是："客到烹茶，旅舍权当东道；灯悬待月，邮亭远映胥江。"署题"同治十三年 (1874) 六月"。

配以角楼，前后九进院落，殿堂楼阁460余间，门坊54座，2000多块碑碣。
主体建筑大成殿，取"集古圣先贤之大成"意。殿高24.8米，阔45.78米，
深24.89米，重檐九脊，斗栱交错，金碧辉煌。殿内供奉孔子及其弟子和儒家
历代先贤塑像。为纪念这一重修工程，庙内还立有《御制重修阙里孔子庙碑》
一座。

康熙帝为孔庙题"万世师表"匾

北京孔庙大殿俯视

孔庙体系完成

　　曲阜孔庙是孔子门徒在孔子生前居住的三间宅屋原址上建筑的。孔庙最早形成于公元前478年，即孔子死后的第二年。西汉以来，由于历代皇帝不断给孔子加封追谥，孔庙的规模也随之不断扩大。明清又几次重建，现存建筑除少数次要者为金、元所建外，大多数是明清的规划和清雍正时的遗物。

　　孔庙庙址纵长，南北长达600余米，占地21.8公顷。东北邻有衍圣公府，

曲阜孔庙大成殿

是历代"衍圣公"（孔门长房后裔）的衙门和府第。由南而北，孔庙分为九进。有三殿、一阁、一坛、三祠、两庑、两堂、十三亭、五十四门坊、碑碣2000余通。布局左右对称，气势雄伟，是中国现存的宝贵古建筑之一。孔庙的主体建筑是大成殿，高32米，重檐九脊，金碧辉煌，为中国古代三大殿之首。大殿前十根深浮雕二龙戏珠盘龙石柱是罕见的建筑艺术珍品。大成殿内供孔子，殿后寝殿供孔妻，左右廊庑列孔门弟子及历代贤哲牌位，共156人。另外，奎文阁、杏坛、圣迹殿、碑亭等处都有极高的艺术价值。庙东南侧有高5米的汉白玉孔子雕像。孔庙及附近的孔府、孔林合称"三孔"，均系国家重点文物保护单位。孔府是中国封建社会典型的官衙与内室相结合的建筑，保存数万件文物与档案。孔林是孔子及其家族的专用墓地，占地200余公顷，古木参天，碑碣林立。

　　曲阜孔庙和北京官式建筑形象一致，总观形制，颇似宫殿的缩小，又像私家宅第的放大。是中国历代帝王祭祀拜谒孔圣的地方，也是中国古代建设的典型代表。

大成殿蟠龙石柱

戴震著《孟子字义疏证》

戴震（1724～1777）不仅在文字、音韵、训诂方面有突出的成就，开皖派学风，而且在哲学和伦理学方面也有较进步的思想。在他的《原善》、《孟子字义疏证》和《答彭进士允初书》等哲学、伦理学代表作中都有体现。而《孟子字义疏证》是他最为得意的力作，充分展现了他的哲学、伦理学思想。

《孟子字义疏证》原题《绪言》、《孟子私淑录》，共3卷。乾隆四十二年（1777）戴震逝世前不久成书。该著通过阐述《孟子》中的"理"、"天道"、"性"、"才"、"道"、"仁义礼智"、"诚"、"权"等重要的哲学范畴，以及通过训诂考据探讨古书义理，集中地反映了戴震的唯物主义思想，成为戴震的主要哲学著作。

《疏证》对程朱理学提出的著名命题"存天理、灭人欲"进行了猛烈的批判。指出：天理与人欲是统一的，"理存乎欲"，不能用所谓天理去禁锢人们的正常欲望。程朱理学所谓的"理"，不过是尊者、贵者、长者用以欺骗和镇压卑者、贱者、幼者的工具。"尊者以理责卑，长者以理责幼，贵者以理责贱，虽失，谓之顺；卑者、幼者、贱者以理争之，虽得，谓之逆"。"人死于法，犹有怜之者，死于理，其谁怜之？"这种观点抓住了程朱理学的弱点，对其批判一针见血，毫不留情，带有强

《孟子字义疏证》（清刊本）

烈的反封建性。因此，在中国近代反封建革命中，屡被资产阶级革命家借用，以宣传反封建，影响不可谓不大。另外，戴震认为"道"是物质性的实体，"气"的变化过程就是道。"气化流行，生生不息，是故谓之道"。"理"

指事物的条理，"化物之质，曰肌理，曰腠理，曰文理；得其分则有条而不紊，谓之条理"；"事物之理，必就事物剖析至微，而后理得"；"理"不能脱离具体事物存在。这种唯物主义观点也对后世产生过深远的影响。戴震也因此成为王夫之以后最重要的唯物主义哲学家之一。乾隆四十二年（1777），戴震逝世。